我
· COGITO ·
思

彩图1　圣托里尼岛的新卡梅尼火山

彩图2 希腊伯罗奔尼撒半岛帕特雷港口的日落。今天从这里乘坐邮轮到意大利东南部的巴里港只需要16个小时。

彩图3 圣托里尼岛的爱琴海日落

彩图 4　雅典卫城的伊瑞克提翁神庙。古人认为雅典娜和波塞冬的斗法就发生在这个地点。神庙的名字可能与雅典娜之子伊利克托尼乌斯（Erichthonius）有关。

彩图5　从下城的雅典广场遥望雅典卫城

彩图6　雅典阿迪库斯剧场

彩图 7　西西里岛阿格里真托神殿谷的和谐女神神庙

彩图8　托斯卡纳是“埃特鲁里亚”地区的一部分，起伏的山峦，飘移的云影，茂密的灌木、葡萄园与向日葵，是这里典型的自然风光。

彩图9　在库玛卫城，能眺望到远处的利克拉海滩与海上的伊斯奇亚岛。

彩图10　库玛山

彩图 11　库玛卫城的朱庇特神庙的一角

彩图 12　凝灰岩之城考古遗址公园内的“希尔德布兰德墓”，以教皇格里高利七世的名字命名，因为他刚好出生于索瓦纳。很多早期发现的欧洲遗址都喜欢用当地名人之名命名。这座墓葬应当建于公元前 4 世纪左右，墓的自然外观是仿神庙样式。

地中海城记

周繁文 著

NOTES ON ANCIENT CITIES OF
THE MEDITERRANEAN WORLD

GUANGXI NORMAL UNIVERSITY PRESS
广西师范大学出版社
· 桂林 ·

地中海城记
DIZHONGHAI CHENG JI

丛书策划：吴晓妮@我思工作室
本书组稿：赵黎君
责任编辑：叶　子
助理编辑：赵黎君
装帧设计：何　萌
内文制作：王璐怡

图书在版编目（CIP）数据

地中海城记 / 周繁文著．—桂林：广西师范大学出版社，2021.3
（新丝路艺丛）
ISBN 978-7-5598-3569-7

Ⅰ．①地… Ⅱ．①周… Ⅲ．①地中海区—古城—介绍 Ⅳ．①K915

中国版本图书馆 CIP 数据核字（2021）第 005500 号

广西师范大学出版社出版发行
（广西桂林市五里店路 9 号　邮政编码：541004
网址：http://www.bbtpress.com）
出版人：黄轩庄
全国新华书店经销
北京汇林印务有限公司印刷
（北京市大兴区黄村镇海鑫路9号　邮政编码：102611）
开本：710 mm × 1 000 mm　1/16
印张：11.25　插页：8　字数：156 千
2021 年 3 月第 1 版　2021 年 3 月第 1 次印刷
定价：46.00 元

前　言

罗马帝国始于何时，并不像很多重要的历史事件一样有一个明确的时间点，并没有一个人站出来公告天下——自此成立了一个帝国，甚至那通常被认为是帝国缔造者的屋大维，也对外宣称自己是“共和传统”的守护者。将公元前 27 年作为与共和国割裂的新时代诞生的年份，是后世历史学家们的功绩。在这年的 1 月 13 日，屋大维在元老院和人民大会上宣布交卸三头权力并“恢复”共和，元老院为表“感激”，于三天后赠予他“奥古斯都”之称。与这个代表着神圣的尊号同时加诸他身上的，还有终身保民官、首席元老和军权等各种权力。生活在当时的人们并不知道，自己正在乘着历史的巨轮缓缓驶入一个此后几千年都无法从史家笔墨中淡去的时代。也许，只有敏感的诗人提前嗅到了“伟大”的气息。

这个光荣的时代要开始，正当你为都护，
波利奥啊，伟大的岁月正在运行初度。
在你的领导下，我们的罪恶的残余痕迹，
都要消除，大地从长期的恐怖获得解脱。
他将过神的生活，英雄们和天神他都会看见，

他自己也将要被人看见在他们中间，

他要统治着祖先圣德所致太平的世界。

——维吉尔《牧歌》其四[1]

在将近5个世纪的时间里，地中海世界都被罗马统治着。这以前和这之后，从未有一个权力中心能够完全控制地中海周边这些山川异域。尽管帝国的宏大历史吞没了许多细微的悲欢，却不可否认它对这片广阔地域的深远影响，已镌刻于其骨血中，直至于今。

然而罗马帝国是永远地消失了。伟大与卑微，荣光与寻常，在岁月流逝面前，皆公平地烟消云散，唯余下惹后世无限揣想的文字与遗迹。文字启人思量，而成百上千的遗迹却是真实来自帝国的讯息。罗马、雅典、库玛、庞贝、奥斯蒂亚……让我们穿行于一座座自帝国时代或更久远之前便存在的城，让这些城来告诉我们另一种罗马帝国发展壮大、繁荣和消亡的历史。

1 ［古罗马］维吉尔:《牧歌》（其四 15—20），杨宪益译，上海人民出版社，2009年，第299页。

目录

第一章　建城之前的罗马[1]

石器时代

第勒尼安海畔的阿布鲁佐亚平宁山脉和台伯河之间，是后来的帝都罗马城所在。然而此处并不算是早期人类心仪的栖息地，周边的山地河泽反而更受青睐，譬如西北面的托利马皮埃特拉和东南面的奇尔切奥山都有尼安德特人的活动迹象，阿尼奥河畔则发现了“萨科帕斯托勒人”的骨骼化石。

约公元前6000年左右，从西亚的“新月形地带”和安纳托利亚高原肇始的农业革命经由巴尔干半岛来到意大利。从意大利南部的普利亚地区开始，一场新的生产和生活方式变革渐次席卷整个亚平宁半岛，人们开始种植作物、饲养家畜，过上了定居的生活。与此同时，地中海地区由气候原因造成的物产不均衡现象，也推动了商业贸易的发展。这种物品交换的证据得益于考古学者们对物质资料的精细研究，他们通过分析和对比发现，新石器时代普利亚地区的农具是用来自利帕里岛（西西里岛东北面的一个

1　本章参考书目：① Francesca Fulminante，*The Urbanisation of Rome and Latium Vetus：From the Bronze Age to the Archaic Era*，Cambridge：Cambridge University Press，2014；② T.J.Cornell，*The Beginnings of Rome：Italy and Rome from the Bronze Age to the Punic Wars*，London and New York：Routledge，1995。

小岛）的黑曜石制作的。两地之间直线距离 300 多千米，其间还隔着茫茫大海，虽不算十分艰险，但对数千年前的人类来说也牵涉到了原料的择用、开采、运输、制作等一系列复杂的行为，以及在所获利益和所付代价之间的权衡。

公元前 4300 年之前，意大利中部的人们都偏好居住在海岸或内陆的沿河、临湖地带。海滨的居民们寻觅着条件适合的洞穴，将其中一部分作为栖身之所，另一部分则作为进行信仰活动或畜牧活动的场所。这些采光不佳的洞穴，虽然在饲养动物时可能由于堆积大量的粪便而存在卫生隐患，但对于先民及他们赖以为生的牲畜来说，却不失为冬暖夏凉的安全的庇护所。事实上，直到中世纪晚期，至少在托斯卡纳一带，还有相当多的农民居住在领主城堡周围的山洞中，不同的山洞分别被作为住所、面包作坊和牲畜圈。至于内陆的居民们，由于取水技术有限，多半只能逐水而居，在河边湖畔建造土木结构的棚屋或木骨泥墙的小屋，部分地区还出现了干砌石墙的建筑。这里之所以要特别强调建材，是因为到了罗马帝国时期，建筑基本以砖石为主，这与同时期东亚地区的土木建筑传统大相径庭。从源头开始关注，我们能更清晰地认知这种传统的形成过程和原因。

到考古学分期的新石器时代晚期，也就是大致从公元前 4300 到公元前 3000 年的这段时间，意大利中部出现了大型的环壕聚落，也就是说，若干座集中分布的房屋周围环绕着一道壕沟。在阿布鲁佐的利波里遗址，这种环壕聚落的面积达到了 3.6 万平方米。这意味着在这个地区，人们越来越倾向于集中居住。每个住在同一道环壕内的“集体”中，都必然存在着某种共同的准则或公认的纽带。这种环壕聚落内通常有 50—80 座不等的单体房屋，它们通常三五成群，这种组合关系很自然地让人联想到，有些房屋之间挨得比较近，是否意味着房屋的主人们关系更加亲近，甚至可能这些房屋的主人是同一个。房屋内有一些引人思索的现象：比如同一座房屋内既有生活的痕迹同时也有埋葬的痕迹，也就是所谓的“居室葬”，这是否说明当时的人们对于死亡的态度；再比如同一道壕沟之内的房屋，在规模上存在着差异，这似乎意味着房屋主人在社会地位或资源占有方面的差异；

又比如，有些房屋明显用于居住，而有些房屋则似乎专门用于手工业生产，这固然意味着初步的空间规划意识，可能同时也意味着社会分工的出现。当然，引发最多讨论的是“壕沟”本身到底承担着什么样的功能，这对于环壕聚落本身的性质判断还有聚落内房屋关系的判断等问题都有重要的意义。然而，学术界在这个问题上并未达成一致的认识，存在象征界限、防御设施、圈卫牧群、集水、排水、停尸处等多种解释。

青铜时代

约公元前3000年，亚平宁半岛进入了“铜石并用时代”或“红铜时代”。公元前2300年，半岛的人们掌握了铜锡合金的制作技术，这被视为青铜时代的开端，从此时起，后来的罗马城所在地开始真正地有人类活动的迹象。

青铜时代早期在罗马卡匹托利尼峰南边的圣奥莫波诺一带可能有一个低地遗址。但稳定的聚落应该是从青铜时代中期开始，也就是公元前1700到公元前1300年这段时间。但关于这个聚落的具体范围，学术界还存在着不同的看法。阿尔贝托·卡泽拉认为它应当只局限在卡匹托利尼峰的南部，也就是被称为“卡匹托利姆”的区域，规模不超过1公顷，人口约为200人。但安德烈·卡兰蒂尼认为此时的聚落应该已经遍及整座卡匹托利尼峰，占地7—8公顷。考虑到新石器晚期的大型环壕聚落都已具备3—4公顷的规模，卡兰蒂尼的意见也不无道理。

解答问题的关键在于考古发掘。但很可惜的是，由于罗马城自建城以后两千多年一直在原地，今人古人之建筑重重叠叠，早期的建筑材质多不易保存，很可能在王政时期以后便受到了严重的毁坏。更为可惜的是，墨索里尼当政时期将历史遗迹作为煽动性的政治宣传工具，在罗马城中心区展开了大规模的考古发掘和景观复原计划。但这项计划的功利性太强，帝国时期的遗迹由于其所代表的历史荣光，被作为研究和保护的重心；其次是共和国时期，偶尔上溯至王政时期，其他时期的迹象则多被忽略甚至摧毁；而且由于当时的资料记录意识和手段都并不完善，就算是共和国和帝国时期的遗迹，也大多记录得很草率，为了追求工程速度，发掘本身也比较仓促。不科学的发掘造成的破坏是不可逆的，很多信息就此永远丢失，也使得很多问题（尤其是关于早期罗马的）可能成为永久的谜。

到了公元前13至前12世纪，西西里岛、伊奥尼亚海岸和亚德里亚海岸大量出现来自爱琴海的迈锡尼文化的陶器，甚至连亚平宁西部的第勒尼安海岸也发现了少量的迈锡尼陶片。这是一个值得注意的信号。青铜技术的核心在于矿产资源的获取。埃特鲁里亚南海岸托勒法-阿鲁米埃勒山富有铜矿，在青铜时代晚期与东地中海有贸易交流。但比起铜矿来说，更难获取的是锡矿。欧洲大陆虽然有少量的锡矿，但最大的锡矿在英格兰东南部的康沃尔。锡矿可以经由主要的水陆通道从北欧经中欧再运至地中海地区。有学者认为，希腊迈锡尼文明的壮大可能与锡矿的贸易有关。这是一个连锁反应，早期罗马的壮大很可能正跟希腊人的到来有千丝万缕的关系。

卡匹托利尼峰上的聚落日益发展，到青铜时代晚期（公元前14—前10世纪），南边的帕拉蒂诺山也开始成为另一个聚居区，甚至该山东北面的山谷（即后来的广场谷）也可能已被纳入聚落的范围。弗兰切斯卡·弗勒米南德推测，到公元前12至前10世纪，卡匹托利尼峰的聚落已占地约14公顷，而帕拉蒂诺山的聚落可能达到了23公顷。很可能更北面的奎里纳勒山也已开始有人居住。

聚落面积的滋长可能意味着人口的增加、可控制空间的扩大等一系列复杂现象的发生，从这个角度来看，可以与聚落的强大过程画上等号，但这只是纵向的比较结果。因为从横向的比较看来，可以说在从石器时代到青铜时代的漫长岁月里，罗马所在的拉丁地区即便在亚平宁半岛的势力格局中也是毫无竞争力的，更别说广阔的地中海地区。当时半岛上最发达的应当是东北部的波河河谷以及南部地区。

铁器时代

公元前1000年，随着铁器时代的来临，台伯河畔的七丘之地终于开始奏响强盛的序曲。比起此前有如云遮雾盖的时代，后世的研究者们对铁器时代的认知更为清晰。此时的亚平宁半岛，百里不同风、千里不同俗的文化差异，在语言上表现得尤其明显。不同的语族将本就狭长的半岛分隔得支离破碎。罗马所在地主要被使用拉丁语的拉丁人控制，北面在今托斯卡纳大区一带活动的是埃特鲁里亚人，南面在今坎帕尼亚大区一带活动的是奥斯坎人。

意大利中部的某些地区，小型的山顶村落逐渐融合形成大型的中心聚落。这在埃特鲁里亚南部与拉丁地区相邻的地带表现得尤其明显。但拉丁地区却未发现如此清晰的演进链条，不过这或许也与当地发现的铁器时代遗址主要是墓葬而非居址有关。

不过，考古学者们就如侦探一样灵敏地追索着历史，在他们看来，墓不仅是墓，不仅是死者们的安息之所，而且是一整个曾经鲜活的社会的冰山一角。一般来说，人们对待死者的方式常常无意识地融入自己的生活经验和对死亡的认知，墓葬因此或多或少能够反映死者生前的状况。既然大量的墓葬如此集中于广场谷、埃斯奎利诺山，那么据此推断，他们生前也住得比较集中，这个看法应当不至于大谬。根据常理，如非极端情况，死者并不会离开与他们有关系的生者太远，再对比墓内出土的和居址出土的器物，如此并不难找到死者生前曾居住过的大致范围。因此，学者们虽然并未发现与墓葬同时的完整聚落，却可以根据对墓葬的统计和分析来推断聚落的位置和规模。不过也正因为聚落信息的稀少，不同的学者的推断并不尽相同，在这个问题上，学界再次地并未达成共识。在此将再次提到弗兰切斯卡·弗勒米南德的意见，因为她的观点几乎是最新的。她认为，在公元前 9 世纪到前 8 世纪的这段时间里，原本在卡匹托利尼峰和帕拉蒂诺山的两个主要聚落已经向其他的山丘扩展。前者将奎里纳勒峰也囊括在内，可能已达到了 54 公顷。后者也向东北方向略有扩展，达到了 37 公顷，但假如包括广场谷和埃斯奎利诺山墓葬群的话，则可能达到了 60 公顷，大概相当于 85 个标准足球场的大小。两三个世纪过去，两个主要聚落的面积都已差不多是青铜时代聚落的 2.6 倍。

这个时代的人类，居住在高地之上，埋葬在低地之下。生死的高低相隔或许是由生死有别的观念所决定，或许是一种最经济的空间配置方案，当时气候更加多雨潮湿，人们又尚无力将易涝的低地完全收为己用，便将之作为死者们的安厝之所。

纵观整个人类社会的历史，每一次新兴的技术变革总会引发新的社会变革。铁器技术的发明创造就是推动时代前行的第一块多米诺骨牌。在以往的发展进程中相对默默无闻的拉丁地区，从此开始以加速度发展，呈现人口与物质文化的双重飞跃。在这个过程中，权力格局重新洗牌，原本发达的地区衰落，原本滞后的地区发展。罗马就是这么一个后发先至的地区。

在青铜时代的晚期，罗马东南的阿勒巴诺山区是埃特鲁里亚南部、拉丁海岸、坎帕尼亚地区贸易交流网络的中心，而罗马不过是拉丁平原的一个普通的贸易中转站。但到了公元前 9 世纪（考古学上称为“拉齐奥文化”的时期），地区之间“此一时彼一时”的现象非常明显。拉丁地区的聚落明显数量增多、规模增大，不单生者的世界里有这种欣欣向荣的景象，死后的世界看起来同样如此，这个时期的墓葬数量和随葬品数量都显著增加。一般认为，前者与人口增长相关，后者与物资丰盈程度相关。当然，也不能排除一些特殊情况，比如生死观和丧葬习俗的变化等。不过结合生者居址的情况来看，人口和物资的双增长是显而易见的。罗马的聚落更是相互融合，形成大型的中心聚落。而此时的阿勒巴诺山区，作为原本的枢纽，却没有出现类似的人口增长趋势，依然保持着小型的分散聚落，这说明它对当时人们的吸引力已经下降，人们更愿意聚集到物资更丰富、机遇更多的地方；也或者是它的人口发展已经落后于其他地区。在当时的社会来说，人口就是最大的红利，也最能说明经济情况的好坏。所以我们能够推断，这一时期罗马已经取代阿勒巴诺山区成为半岛南北交流的中心。

而至于背后的原因，则可能很复杂。阿勒巴诺山区毕竟是火山群地带，或者当时的人们获取了这一知识。但是我想，更可能的原因是罗马所在地离台伯河更近，到了铁器时代，人们已经能更熟练地驾驭航行技术，而水路运输是比陆路运输更便捷、成本更低也更安全的方式。

新交通方式的兴起往往能影响一个地方的兴衰，到今天亦是如此。中国高铁的修建，促进了很多地方的兴起，但由于运输速度的加快，一些过去长途运输的补给和中转之地则面临着衰落的命运。

新技术对新资源的需求也是如此。铁器时代的核心资源已不是铜矿和锡矿，而是铁矿。埃特鲁里亚盛产铁矿，与罗马有紧密的联系。

因此，罗马的兴起很可能是地理环境、交通方式、资源等因素综合作用的结果。自此，“罗马”这个名字渐渐登上历史的舞台，并成为此后几百年间地中海世界的主角，至今也令人念念不忘。

第二章 雅 典[1]

关于罗马的崛起，不能不提到常常与其并称的另一个名字：希腊。爱琴海地区在亚平宁半岛壮大之前，一直都是整个地中海世界的中心。

人们常说的“古希腊文明”，在学术界有比较明确的年代起讫范围，通常指从青铜时代到希腊化时代这个阶段。希腊与罗马，这对地中海畔的孪生子，既有千丝万缕的联系，又有着千差万别的面貌。阿提卡半岛、伯罗奔尼撒半岛、克里特岛和基克拉泽斯群岛是古希腊文明主要的分布地域。比起相对封闭的亚平宁半岛，希腊人可以说生活在一个非常开放的环境中。这种“开放”指的是各种类型的交流发生的程度。希腊人的周围，有太多与其势均力敌、高度发达的文明。小亚细亚的赫梯、腓尼基，北非的埃及，它们都是发育很早、发展程度很高的文明古国。繁荣的交流和周围环伺的危机都是促进发展的动力。

1 本章参考书目：John M.Camp，*The Archaeology of Athens*，New Haven and London：Yale University Press，2001。

爱琴文明

古希腊的青铜时代被称为“爱琴文明”，从南到北，依次点亮了文明的星火。年代最早的基克拉泽斯文化主要诞育于基克拉泽斯群岛。这片群岛中，有以出产大理石著称的纳克索斯岛，有以美景惊艳世人的圣托里尼岛和米克诺斯岛，有因发现“断臂维纳斯”而声名大噪的米诺斯岛。当然，那时候它们都还不叫这些名字，与今天蓝顶白墙的建筑景观也相去甚远，唯有蓝如矢车菊的海水、镶嵌在岩石间的绿荫，一如当时。基克拉泽斯文化虽然从公元前3000年一直到公元前1700年，延续了一千余年，但我们关于它的知识仍然不算丰富，尤其是对当时的社会形态与制度，几乎一无所知。从有限的考古发现中，学者们推断，那时生活在这片岛屿群的人们，沿海而居，最初住在土房中，后来逐渐建造起更坚固的石屋。他们以农业和渔猎为生，存在航海和物品交易等活动，似乎与爱琴海东北部的岛屿、南部的克里特岛都建立了长距离的常态化联系。

值得一提的是基克拉泽斯人的墓葬，更确切地说，是墓葬中出土的随葬品。他们的墓葬一般离居住点不远，石、陶或银质的各种容器是常见的随葬品，但引发最多讨论的是一种大理石小型人像雕塑。这类小型雕塑由当地产的白色大理石制作而成，雕刻工具是硬度较高的燧石或黑曜石，成形后再以浮石抛光。从雕塑上残留的颜料，不难想象它们最初是覆有色彩的，有些雕塑的眼睛是用黑曜石或其他黑色石料镶嵌的，有些雕塑的身上还残存有布料，也就是说它们最初可能“穿着”衣服。（图1）

这些人像雕塑，虽然尺寸较小，对人体的再现偏于写意，带有僵硬的模式感，但当颜色褪尽之后，简洁的几何线条却呈现一种奇异的抽象的美感。这类雕塑中大部分都是传世的藏品，年代和来源都不是确凿无疑的事实，考古发掘品仅占较少的比例，但往往都出于墓葬内。这引发了关于功用的讨论：它们是代表着无上荣光的神话人物或祖先，还是人祭的替代品，抑或只是孩童的玩偶？也许线索还是存在于考古发掘的出土物中。有些人像的面部饰有复杂的红点，于是有学者推测这代表了丧仪中哀悼的血泪，

图 1 希腊锡拉史前博物馆收藏的基克拉泽斯文化大理石人像，推测其年代为公元前 2700—公元前 2300 年。

那么这些人像应该象征着悲哀的送葬人，大理石的雕塑代替他们陪伴死者于永恒的幽穸里，这于生者和生者想象中的死者都是一份慰藉。另外一条线索是，基洛斯岛出土的上百件小型人像雕塑都被有意打碎，这可能意味着它们与某种仪式相关。

举世皆知，古希腊以其精湛的雕塑闻名，尤其是古风时代以后的人体雕塑，每每令人惊叹。凡事皆有起源。这项造型艺术的渊源在哪里，这也是基克拉泽斯雕像受到关注的原因之一。

公元前 3000 年，也就是与基克拉泽斯文化同时，在爱琴海南边的克里特岛上兴起了一个在神话中被称为米诺斯的王国。荷马史诗《伊利亚特》和赫西俄德的《名媛录》都提到天神宙斯与欧罗巴诞下三子：米诺斯、萨耳珀冬和拉达曼提斯。在《奥德赛》中，米诺斯是举着黄金权杖的阴间审判者，也是奥德修斯口中克里特岛的国王。

有一处国土克里特，在酒色的大海中央，美丽而肥沃，波浪环抱，居民众多，多得难以胜计，共有城市九十座，不同的语言互相混杂，有阿开奥斯人、勇猛的艾特奥克瑞特斯人、库多涅斯人、蓄发的多里斯人、勇敢的佩拉斯戈斯人。有座伟大的城市克诺索斯，弥诺斯在那里九岁为王，他是伟大的宙斯的好友。[1]

直至帝国时期的文献中，他都还是以这种形象出现。但在后世的文献中，围绕着米诺斯衍生出越来越多的故事。德国人古斯塔夫·施瓦布在19世纪初汇集的《希腊神话故事》是世界范围内影响最大的版本，其中所讲述的关于米诺斯的故事已经十分复杂了。米诺斯失约于海神波塞冬，造成了公牛的疯狂，后来由赫拉克勒斯出面降牛，这成为大力神著名的壮举之一。他的儿子在阿提卡被杀，遂起兵复仇，雅典人被迫应允每年进贡童男童女给克里特迷宫中半人半牛的怪物米诺陶。后来，王子忒修斯远征克里特，闯入迷宫，杀死了米诺陶。

神话虽然是神话，有些人却能窥见它与现实千丝万缕的联系。正如相信自己一定能找到特洛伊的谢里曼，亚瑟·伊文思在克里特岛进行发掘后，也相信自己找到了神话中米诺斯的国度。于是他将这个考古学文化以神话命名，称其为“米诺斯文明”，一直沿用至今。在公元前2200到公元前1450年这段时间，也就是米诺斯文明的中期到晚期，它几乎是爱琴海上最耀眼的文明。在公元前5世纪修昔底德的笔下，克里特人制造的精巧器皿和金银首饰销往希腊、亚细亚和埃及各地，换回本地所需的矿石，他们的船只往来于地中海东部，逐渐控制了爱琴海，形成庞大的商业帝国。

米诺斯文明中期，克诺索斯早期王宫修建了起来，这个时期也因此被称为“旧王宫时期”。他们使用象形文字，彩绘黑陶上描绘着海洋生物、山羊、甲虫等精致的图案，人物雕塑服饰精美。（图2）大概在公元前1700年左右，旧王宫被毁，克里特人再次在原址修建了新王宫，新的王宫平面极其复杂，

1 ［古希腊］荷马：《荷马史诗·奥德赛》（第19卷170—175），王焕生译，人民文学出版社，1997年，第356页。

重肩炫色，正如神话中的“迷宫”之称。（图 3、图 4）此时，他们忽然改用一种线性文字，从形态上来看，和后来迈锡尼时代的线性文字似有渊源，为了区分，学者们将米诺斯文明的文字称为“线性文字 A”，将迈锡尼文明的文字称为“线性文字 B”，但很可惜的是线性文字 A 迄今无法释读。克里特人此时开始在北边的锡拉岛（今圣托里尼岛）等地建立殖民地，一切都仿佛预示着新时代的到来，克里特人迈出了在爱琴海称霸的步伐，然而在公元前 1450 年左右，一切却又忽然戛然而止了。

图 2　费斯托斯陶圆盘，发现于希腊克里特岛中部的费斯托斯宫殿遗址，现在收藏于赫拉克利翁考古博物馆。圆盘两面共刻有 241 个迄今无法释读的象形符号，推测其制作年代为公元前 1700 年早期。

米诺斯文明的消失就像它的来源一样费人思量。早期米诺斯文明在文字、艺术等方面都表现出与古埃及、古巴比伦文明极大的相似性，但因为缺乏过硬的证据，很难判断克里特文明是否是近东文明在欧洲传播的第一步。2017 年 8 月 2 日，《自然》杂志的网络版刊文声称，根据古 DNA 的检测显示，米诺斯人以及后来的迈锡尼人的基因与希腊、土耳其的新石器早期农民基因相似，某些 DNA 则来自远东地区，比如黑海和里海之间的高加索和伊朗。但是基因来源并不等于文化来源，就像我们也许已不清楚自己爷爷的爷爷来自何方，但无论身处何方，我们一定终生葆有儿时的乡音记忆、习惯着舌尖上的家乡味道。

关于米诺斯文明的终止，有众说纷纭的猜测。是因为饥荒、地震、火山爆发或是内战？毕竟地中海地区就是活跃的地震火山带，许多人心目中风光绝美的圣托里尼岛其实也是一个火山岛。在这个区域，突发的灾难并

图 3　希腊克里特岛克诺索斯王宫的北门遗址，西侧已被修复，上层柱廊中的公牛壁画是复制品，原件收藏在赫拉克利翁考古博物馆内。从残余的结构推测，原本上层应有一个面积较大的厅堂结构，由于北门向海，伊文思推测这里可能承担着检查海运货物是否准许出入王宫的功能，也因此将其命名为“海关大厅”。

图 4　克诺索斯王宫的“王座室”，可能是昔日克诺索斯国王举行宗教仪式的场所。

不少见。但更有可能的是因为下一个霸主的来临，那就是神话中同样威名赫赫的迈锡尼人。

对很多人来说，迈锡尼是一个比米诺斯更熟悉的名字。它既与英勇盖世的阿伽门农相关，也与风华绝代的海伦相关，更与一个覆灭的黄金时代的特洛伊相关。迈锡尼文明兴起于公元前 1600 年，他们使用的“线性文字 B”是希腊文已知的最古老形式。他们在迈锡尼、梯林斯、皮洛斯等地皆建有宫殿，黄金工艺发达，小型雕塑流行。

线性文字 B 的泥板文书上记录了迈锡尼王国的政治架构、土地制度、财物商品等，文书中列举了几乎所有后来能见到的古希腊神话中的主神，只未提及阿波罗、勒托和阿芙洛狄忒，因为这三位是后来才从近东传入的。这对于古希腊史的研究者们来说非常重要。因为长期以来在欧洲的史学界中，有一种通行的历史分期方法，认为爱琴文明之后，爱琴海地区进入了“黑暗时代”，直到黑暗时代结束，才是象征民主制度萌芽的古风时代的到来。但这是早期的史学家们的一点私心，因为他们以古希腊的民主和城邦为荣，认为这才是欧洲的传统，而此前的王制，不论克里特也好，迈锡尼也好，都是类似于东方的独裁，因此人为地以“黑暗时代”作为独裁与民主之间的鸿沟。然而随着越来越多的相关发现、越来越深入的研究和越来越客观理性的认识，人们发现其实城邦时代的很多文化因素早已有迹可循，宗教神话就是其中之一。

迈锡尼人开始了海上征途，以伯罗奔尼撒半岛为起点，积极地向各个方向伸出自己的触角。向南，取代了米诺斯文明成为克里特岛的新主人；向东，发动了著名的特洛伊战争；向西，正如我们前面提到的，亚平宁半岛上也出现了迈锡尼的陶器；向北，在迈锡尼称霸爱琴海的时候，后来的霸主雅典此时只不过是其羽翼之下的山城。

雅典娜与雅典城

正如层累形成的中国神话，希腊神话也是一个层累形成的过程，因此这里需要不厌其烦地叙述同一位神在每个不同作者笔下是如何出现的。由于希腊神话不像后来的基督教般有统一的经典，因此可能对同一套的神系存在着不同地域或不同流派的阐释，当然也可能是现代人对古代神话的一次“盲人摸象”，因为古人对这些神话太过习以为常了，认为很多公认的神迹已无须特别记录，每人记下一点点。而后人从故纸堆中慢慢寻找、辨析、拼凑，才重新认知古人那个光怪陆离的神话世界。

《荷马史诗》中，灰眼睛的雅典娜女神是宙斯的女儿。赫西俄德在《神谱》中记录了她奇异的诞生神话。据称雅典娜的母亲是宙斯的第一任妻子墨提斯，在她有孕之时，在盖亚和乌拉诺斯的建议下，宙斯将墨提斯吞入腹内，因此雅典娜其实是从父亲的脑袋中出生的。在平达尔的记载中，是火神赫菲斯托斯用斧头劈开了宙斯的脑袋，全副铠甲的雅典娜威风凛凛地降临世间。还有一些古代文献则声称雅典娜是波塞冬和特里同的女儿，或者是特里同之女帕拉斯的女儿。

2 世纪的希腊历史学家和地理学家保塞尼亚斯，在《希腊游记》中提及雅典娜和海神曾争夺过阿尔戈利斯的特洛伊泽诺斯。不过两位神祇间更为出名的一次纷争乃是对雅典城。同样著于 2 世纪的伪阿波罗多洛斯的《书库》第 3 卷中记述了这次竞争的始末：

> 刻克洛普斯是地生子，有一个人与蛇合成的身体，是阿提刻最初的国王……据说在他的时代，诸神决意领有城市，在那里他们想各自承受礼拜。于是波塞冬第一个来到阿提刻，用那三尖叉打在高城的中央，他显现出海来，现今叫作厄勒克忒伊斯。在他之后来了雅典那，她叫刻克洛普斯来给她做占领的证人，乃种了一棵橄榄树，这在潘德洛西翁至今还可以见到。但是在他们两人关于这地方发生争竞的时候，宙斯把他们分开了，任命裁判人，并非如有些人所说是刻克洛普斯与克剌那俄斯，或是厄律西克同，却是十二位神明。依了他们的判断，这地方归了雅典那，因为刻克洛普斯证明她是第一个种了橄榄树的。

雅典那于是用了她的名字称这城为雅典，波塞冬却大为气愤，将水淹了特里亚的平原，使阿提刻浸在海水底下。[1]

这个故事虽然详细，却有一些不合逻辑之处。同时期的罗马作者伪希吉努斯的《传奇集》（*Fabulae*）记载的故事基本与此相似，不过将两位神的名字换为了罗马神名，并在事件次序上调换了一下：密涅瓦（即雅典娜）赢得所有权后，愤怒的尼普顿（即波塞冬）企图使海水倒灌陆地，但墨丘利在朱庇特（即宙斯）的授意下阻止了尼普顿的行为。雅典娜这才顺利地给新城赐名雅典。

雅典城建史

今天的雅典城在阿提卡半岛中心的平原地带，倚山临海，平原上有两条河流，其间分布着吕卡贝托斯山（Lykabettos）、卫城山、战神山（Aeropag）、宁芙山（Nymphen）、普尼克斯山（Pnyx）和缪斯山这几座山丘。

海拔约156米的卫城山因其陡峭之势和平敞之顶，最早被人类作为聚落定居之地。大概在公元前3000年，山中的洞穴已有人类安居，为了保证用水，他们还在卫城山的地势较低处开挖了浅井和山泉。

青铜时代早期，或许由于环境的变化，人们更倾向于生活在岛屿或海岛地区，卫城山似乎失去了吸引力。然而到青铜时代中期，卫城山再度成为宜居之地。虽然考古学家们没有发现这个时期的住址，却在山上和山脚周围发现了大量属于这个时期的墓葬和水井。两者的共存，意味着生者和死者共同享有这一方土地。

公元前1400年左右，正是迈锡尼叱咤于爱琴海之际，雅典也成为它的一个重要据点。卫城山上修建了8米高的巨石墙。这种墙体的建筑风格与迈锡尼城、皮洛斯城极其类似，由于石材体量的巨大，后来古典时代的希腊人

1 ［古希腊］阿波罗多洛斯著:《希腊神话》，周作人译，中国对外翻译出版公司，1999年，第193页。

都难以相信此系人力所为，纷纷传说这是由神话中的独眼巨人库克洛佩斯（Cyclopes）或其他巨人所建。由于石墙工程浩大，可以想见它的功能一定不简单。根据迈锡尼、梯林斯、皮洛斯等地的情况看来，这样规模的防御工事一般都是为护卫宫殿而造。因此，学者们顺理成章地推断，此时的墙内一定有一座宫殿，位置大概就在卫城山顶中部偏北，范围大致包括后来的伊瑞克提翁神庙和雅典娜祭坛的全部和帕台农神庙的一部分，可惜由于后来神殿群的修建，这座早期的宫殿几乎没能留下任何的痕迹，只残存了一小段墙体和一个石灰岩柱础。正如迈锡尼和梯林斯一样，此地的供水设施也极为隐秘，它掩蔽于岩峰中的八级陡峭台阶之下，从卫城山的北部边缘穿过岩体到达一个隐秘的泉眼。这条暗渠大约有 25 米长。山的低坡处还环绕着另一条取水的支渠，但尚未找到它的水源所在。这样隐蔽的供水设施，能够在山顶的据点遭受长时间攻击的时候仍保证饮用水的供应和安全，也侧面反映了当时的动荡局势。至于居住区，应当在山下的南面和东南面。

正当迈锡尼人在海上高歌猛进之时，在公元前 1200 年左右，他们也迎来了如米诺斯人一般的命运。所有重要的中心城市，如迈锡尼、皮洛斯，尽被捣毁。来自物质层面的证据显示，爱琴海似乎同一时间陷入了普遍的凋敝。因此在过去，对接下来的这个时代有“黑暗时期”之称。究其原因，除了地震、奴隶起义等推测以外，还有一种说法认为是多利安人的入侵。

但其实这个时代并非如想象中陷入了文明的低谷，相反，平静中正孕育着伟大。现在越来越多的人相信，伟大的盲诗人荷马正是生活在这个时代，写出了波澜壮阔的史诗。从考古学的层面看，这个时代，在宗教上，吸纳了近东的阿波罗、勒托、阿芙洛狄忒，形成完整的奥林匹斯神系；在文字上，借助腓尼基的音标系统创造出了标音文字。这一切都如同火光闪烁的天空，预兆着即将到来的如火山爆发般的文化昌明。公元前 10 世纪末开始，雅典渐渐走上强盛之路。这个时间节点也微妙地与铁器时代的到来相契合。它既高踞在卫城山上，又离海较近，安全而便利，具有地缘优势。《荷马史诗》中的雅典城已颇具气象。

那些占有壮观的雅典城市的人，那是心高志大的埃瑞克透斯的领域，这位国王在丰产的土地生他的时候，由宙斯的女儿雅典娜养育，使他住在雅典。[1]

目光炯炯的雅典娜说完，转身离开。心爱的斯克里埃，来到喧嚣的海上，很快到达马拉松和街道宽阔的雅典城，进入埃瑞克透斯的建筑坚固的居所。[2]

公元前7世纪开始，随着城邦时代的开启，卫城除担负军事防御功能外，还逐渐被神圣化，成为高悬下城之上的宗教中心，伊瑞克提翁神庙（彩图4）、帕台农神庙、雅典娜·尼基神庙、雅典娜祭坛、先贤祠等建筑相继拔地而起，垣墙周护，山门耸峙，蔚为壮观。（图5）下城则是聚集人间烟火的尘

图5　雅典卫城的山门一角，画面中近处的两根柱子是爱奥尼亚柱，远处的是多立克柱。

1　［古希腊］荷马：《荷马史诗·伊利亚特》（第2卷），罗念生、王焕生译，人民文学出版社，1994年，第45页。

2　［古希腊］荷马：《荷马史诗·奥德赛》（第7卷），王焕生译，人民文学出版社，1997年，第119页。

图 6　帕台农神庙

图 7　酒神狄俄尼索斯剧场

寰。不过遗憾的是，下城曾遭受过严重的破坏，曾经的布局已难详知，唯有卫城山脚西北方向毗连的政治中心区劫后余生，后人据此推知古风时代在广场上的建筑活动，议会、人民大会会场等重要的政治性建筑正是建于此时。

公元前479年，希腊人在与波斯人的战争中获胜。由于在早期的欧洲史学家的观念中，以希腊为代表的西方和以波斯为代表的东方之间有着天然的对立关系，这一年的胜利因此被视为历史新纪元的开端，成为“古风时代”和“古典时代”的分界线。虽然在今天看来，这两个时代之间其实难以用特定的时间节点区分开，不过从公元前5世纪开始，尤其是伯里克利时代，雅典城确实大兴土木，呈现出与“黄金时代”匹配的繁荣景象。卫城城墙扩建，城内的帕台农神庙（图6）、雅典娜·尼基神庙、伊瑞克提翁神庙、雅典娜祭坛、先贤祠等重要建筑几乎都进行了改建、增建或翻修的工程。城墙之外，南面是医神阿斯克勒庇俄斯的神庙，东南面则利用山势修建了酒神剧场——在古希腊，戏剧与宗教仪式关系密切，剧场便往往建于神庙之侧（图7）。下城的城墙也同样被向外拓展，这也意味着彼时的雅典城聚集了越来越多的人口，所需的城市空间也更大。更重要的一项工程是比雷埃夫斯港的营建，商船战舰，桅帆络绎，自此向海也自此登陆，时至今日这里仍是希腊航运业的枢纽，也是地中海最大的港口之一。

图8　火神神庙

公元前4世纪，趁希腊各城邦陷入混战之际，北方的马其顿人阵马风樯，席卷爱琴海，尔后驱驰东征，将埃及、波斯，中亚乃至旁遮普地区广纳治下，希腊文化与被征服地区的本土文化相互碰撞交融，是谓“希腊化时代”。这个时代的雅典城，卫城中的建筑活动反而有所克制，也或许是空间已趋饱和，仅对山门、酒神剧场进行了小规模的整修，在伊瑞克提翁神庙的东边兴建了宙斯祭坛，在酒神剧场的西边修筑了欧迈尼斯柱廊。至于下城的广场里，阿波罗神庙、火神神庙（图 8）、法庭、柱廊、英雄祭坛巍然伫立，环绕在雅典城这方最重要的公共空间周围。

罗马治下的雅典城

亚历山大大帝在创下令后世帝王赞羡的功业后却遽然长逝，爱琴海周边以及更东边的各方势力再难臣服于希腊。希腊曾经照耀在整片地中海上空的夺目光芒渐渐黯淡。长久蛰伏一隅的罗马人自公元前 3 世纪始走出亚平宁半岛，从北向南、从西向东，驱驭地中海成为治下内海。罗马人也许认识到，威权的慑服辅以文化的渗透乃是开土治民的不二法宝。鉴于希腊文明在地中海世界的积世之威，早已深受影响的罗马人顺理成章奉之为圭臬，致力于对它的继承、改造并传扬。雅典城作为曾经的希腊文明中心，自然是罗马经略“东土”的文化政策示范区，罗马人在这里的一举一动备受瞩目，对于整个地中海来说有着绝对的象征意义。

卫城是雅典城数百年不易的神圣中心。全盘继承希腊神系的罗马人自是对其敬而重之，尤其对城墙以内空间的干预尽量秉承“因循守旧”的原则，但也很微妙地留下了帝国的印记——山门处的一个雕塑底座与阿格里帕有关，帕台农神庙的东侧修建了奥古斯都和罗马女神祭坛。城墙外的南坡上也有一些营造活动——西南面新建了阿迪库斯剧场（彩图 6），东南面旧有的酒神剧场在尼禄时经过重修，并增加了与尼禄相关的题献铭文。

在下城目前可见的历史遗迹中，罗马人显然开展了规模更大也更具政治意味的建筑工程。雅典广场是希腊民主政治的中心，表面上罗马人保留了此处的基本布局和主要建筑，实际上以各种形式在此处镌刻罗马之名。恺撒、屋大维所属的朱利亚家族自称是维纳斯（即阿芙洛狄忒的罗马名）的后裔，广场的西北角因而从公元前 1 世纪起便多了一座阿芙洛狄忒神庙。

图 9　雅典城的罗马广场

战神阿瑞斯在希腊人的传统中并不显赫，他们更崇拜同样司掌战争的雅典娜，也许由于雅典娜与雅典之间的紧密联系。崇战的罗马君主有意抬升了战神的地位，阿格里帕在奥古斯都的授意下将一座战神阿瑞斯神庙建立于广场西北，恰与罗马城奥古斯都广场的复仇战神玛尔斯神庙遥相呼应。阿格里帕也在广场中心修建了剧场。此外，广场西面的阿波罗·帕特鲁斯神庙被改造成供奉帝国神祇的祭坛，神庙北面的宙斯·埃勒乌瑟里欧斯围廊也基于皇帝崇拜而改造。雅典传统的民主政治中心从而充斥着象征帝国统治的建筑物。

更甚之处是，恺撒在雅典老广场的东面修建了一座新广场，最后由奥古斯都完成。新广场又称“罗马广场”，与老广场略显分散的不规则布局迥异，新广场采用了规整的封闭式的方形布局，长 82 米、宽 69 米，大约是 13 个标准篮球场的大小，四周环绕爱奥尼亚式柱廊，西侧入口模仿雅典卫城入口的风格，以此将罗马式的政治宣传中心与雅典的保护神相联系。（图 9）“广场”在古代地中海地区的城市里有着超然的地位，一般与城市初创

图 10　哈德良图书馆

图 11　哈德良拱门

期最早的公共活动中心有关。数百年来，卫城与广场高下并峙，高悬在上者为神之居所，低敞在下者为人之聚所，皆是一座城内不可轻易更替之处。广场上的建筑物新新旧旧、层层叠叠，直至罗马人乍然另起炉灶，另置一处样式、理念完全不同的新广场，赫然彰显自己的威权。

哈德良时期，雅典城内又掀起了一波建筑风潮。他在罗马广场的西北角修建了图书馆（图 10），布局模仿罗马城内建于维斯帕时期的和平神庙。130 年开始在下城东南角修建奥林匹斯宙斯神庙。此外他还增建了一条水渠，并将城区向西、向东南扩建，在老城和新城的边界上修建了一座纪念拱门（图 11）。

哈德良之后，雅典的公共工程由艺术商负责。2 世纪以后，只有一些常规建筑和一些公共空间的小规模改造，没再修建大规模的建筑物或纪念物。3 世纪中叶，瓦列里安皇帝修建了防御城墙。

雅典是前罗马传统在罗马帝国时期得到继承和发扬的最突出例证。帝国时期在雅典城加入了象征帝制的罗马广场、奥古斯都与罗马女神祭坛等建筑元素，但外观都采用了古典时期的希腊风格，象征罗马的管理制度、宗教和罗马对属民统治的包容性，并在中心区域修建与罗马城内类似的建筑来影射曾经的地中海中心雅典的罗马化。

雅典城虽不若罗马城在“永恒之城”的称号之下绵亘千年，卫城却迄今为止仍是地标；帕台农神庙虽然风采不比往昔，但气势犹存。古希腊的建筑以均衡为原则。漫步在卫城，人总会有这样的体会，无论从哪个角度取景，都构图极佳。古典时代的卫城，建筑物顺应地势建造，在景观设计时，有意地将主要建筑物安排在山的西、北、南三面，精心设计单体建筑在柱式、大小、体量等方面的变化，所有的建筑物都用白色大理石砌筑，在山顶望去、从山下望来，都是错落有致的画面，既有整体感，又充满着灵动的变化。而经过人为垫高地势的帕台农神庙，装饰典雅华美，无论在哪一帧画面中，都是突出的焦点，巍然守护着希腊人悠远而光辉的历史记忆。（彩图 5）

第三章　库　玛

神　话

古罗马诗人维吉尔在《埃涅阿斯纪》中讲述了特洛伊城陷落后，英雄埃涅阿斯历经重重艰险，最终成为罗马开国之君的经历。埃涅阿斯和同伴在海上漂泊 7 年后来到西西里岛，正要启航向亚平宁半岛进发时，却被天后朱诺横加阻挠，流落到北非的迦太基，几经波折后再度回到西西里岛。埃涅阿斯根据神的指示辗转到达那不勒斯的库玛（Cuma），在女先知西比尔的带领下来到地府，受到阵亡的特洛伊英雄和亡父的鬼魂的鼓舞，最终在拉丁姆地区（古拉丁语名为 Latium，即今罗马附近）建城，成为罗马的先祖。

（1–41 行　特洛伊人抵达意大利，在库迈[1]登陆。埃涅阿斯去阿波罗神庙向西比尔请教。他惊奇地观看着庙门上雕刻的画。西比尔把他叫进庙去）

他这样说，流着眼泪。船像松了缰绳的马一样飞速前进，

1　Cumae，库玛的古称。

终于漂近了欧波亚人经营的库迈海岸。人们把船头转向大海，铁锚的尖爪把船身牢牢地固定，弯曲的船只在岸边排得像一条流苏，一队神采奕奕的青年战士跳上了这西土的海岸；有的去寻找燧石，因为在燧石的脉络里埋藏着火种；有的去搜索野兽出没的密林，当他们发现了溪流，就发出信号。但是虔诚的埃涅阿斯却去寻找阿波罗高踞其中的崇城，和距此不远的可怕的西比尔的密室。那是一个极大的石洞，就在这里，预知一切的阿波罗神把自己宏伟的意图和意志启示给她，把未来的事展现给她。这时他们已经走近狄安娜的树丛和她的黄金庙宇。

……

（42–76 行　西比尔进入洞中，神灵附在她身上，她号召埃涅阿斯向阿波罗祝祷。埃涅阿斯祈求阿波罗让他能建立邦国，并许愿给阿波罗立庙，举行庆典，也为这西比尔立龛）

在库迈的崖壁上凿着一个大山洞，有一百条入口，一百条宽阔的隧道通到里面，西比尔的答话也像一百股声音从洞中飘荡出来。

——维吉尔《埃涅阿斯纪》卷六[1]

历　史

有些神话是另一种形式的集体记忆，早期先民在口口相传时辗转加入了想象，并对一些自然或社会现象进行“幻想”式解释。神话是原始思维状态下的产物，但其中不乏真实的成分。《荷马史诗》流传了两千多年，人们普遍认为特洛伊是神话中的城。德国人海因里希 · 施里曼自 7 岁时便立志要找到史诗里的城市。他勤奋学习、努力工作，痴人般追逐着一个在

1　［古罗马］维吉尔：《埃涅阿斯纪》，杨周翰译，译林出版社，1999 年，第 138—140 页。

周遭人看来不啻于敲冰求火的梦。年近半百的施里曼于1870年开始在土耳其的希萨尔里克等地发掘，恶劣的环境与刁钻的工人，以及同行们的冷嘲热讽都没有让他放弃理想——尽管当时在很多人看来他是在空想。然而最后，他终于证实了《荷马史诗》中特洛伊和迈锡尼等古国的存在。

罗马早期的神话也是如此，尽管看起来出圣入神，仔细辨析却也不乏与真实历史发展相近的脉络。《埃涅阿斯纪》中埃涅阿斯的种种际遇也许正是对当初横越地中海之艰险的神化。他的航行轨迹与特洛伊人不同，却与青铜时代以来的希腊文化在亚平宁半岛及周围岛屿的传播路径有近似处。库玛作为地中海航行的一个关键地点，在神话和历史中都扮演着同样重要的角色。

趁着天气晴好，在盘曲的环山公路上行走。路边的人家院落种满了蜜橘，金黄色果子缀满枝头。田野间大片油菜花。海水蔚蓝，近岸处泛着淡微的青，能看见水底的环形礁石，白色海鸟在海天一色间飞翔，偶尔有船只经过。细细的波纹，阳光的碎片在其中荡漾，一阵阵风。这便是通往库玛沿途的风景。

库玛山是一座死火山，居高临下俯瞰着第勒尼安海滨平原，三面都是峭壁，唯一的上山通道在南面。（彩图10）由于具备天然的地形优势，这里一直到中世纪都是军事要塞。青铜时代末期（公元前11—前10世纪）和铁器时代早期（公元前9—前8世纪）可能已有人类在此居住。然而3000年前的那个库玛，面貌已被时间磨蚀得漫漶不清，只留存一些墓葬，依稀透露曾在此生活的先民们的点滴信息。他们的墓葬极具特色，墓坑通常是窄长的四边形，墓顶及墓周围用石子砌出圆形“沟渠”，因而被考古学家称为“沟墓文化”。安葬于墓内的死者采取了仿若长眠的仰卧姿态，有别于同时期大多数其他样式墓葬的惯常做法，即让死者以下肢屈折的姿势入葬。

公元前8世纪，来自希腊埃维亚岛的航海者们来到亚平宁半岛中部的西海岸，那不勒斯湾的优良海港和丰沃土地正是他们理想中的殖民地。他们先是住在那不勒斯西边的伊斯奇亚岛，不久后登陆那不勒斯湾，屠杀当地的土著居民后占用了他们的土地，大约在公元前740年建造了希腊人在西地中海地区最早的殖民据点，库玛即为其中之一。“库玛”一词正是古希腊语“海浪”的转写。渡海而来的建城者将爱琴海畔的城市形制照搬到了第勒尼安海畔。库玛山向海的峭壁之上高踞着卫城，城内矗立着神庙、防御工事等建筑，这里既是神祇的居所，也是战争时易守难攻的军事堡垒。库玛山以东的平地则是世俗生活的区域，又称下城。

由于坐落在希腊与意大利的贸易要道上，库玛发展迅速，向北扩张到坎帕尼亚平原，向东南则控制了那不勒斯湾的入口。希腊宗教、语言和文化也随之传播到库玛之外的地区。公元前 7—前 6 世纪，库玛沿着海岸陆续建立一些港口和次殖民地。扩张导致的后果是激起与另一支来自意大利中部的强大部族埃特鲁里亚人的冲突。战争虽以库玛人的胜利告终，却也成为库玛发展放缓的开端。公元前 421 年，库玛被塞尼梯人（Sanniti）占领。公元前 4 世纪晚期，库玛成为罗马共和国辖下的“自治城”。帝国时期，库玛成为退伍军人的殖民地，光芒逐渐黯淡。在罗马帝国波澜壮阔的历史中，库玛值得一书的盛事几乎只剩下公元 95 年图密善大道的修建，这条与当时在位的皇帝同名的道路让罗马与波佐利港之间的交通更为便利。公元 4—5 世纪，库玛变成了一个龟缩在卫城的小城。由于基督教的兴起，神庙都被改建成教堂。10 世纪，败落的库玛城渐渐成为海盗的老巢。直到 1207 年，延续将近两千年的库玛城最终被那不勒斯军队毁灭。

重 现

库玛虽然消失在现实中，却没有湮没在人们的记忆里。几个世纪以来的探险家和作家都曾造访并记录库玛。但直到 17 世纪，考古学家们才对这座曾经蜚声于神话和历史中的城市产生兴趣，1606 年首次对其展开考古发掘，出土的十三尊雕塑和两块大理石浅浮雕带着那座故去之城的历史重现世间。可惜在此之后，与其相隔不远的庞贝城被重新发现，几乎掠去了人们所有的注意，乏人问津的库玛逐渐沦为非法移民的聚集地。

直到 19 世纪末 20 世纪初，科学而系统的考古发掘才又重新在库玛开展。

其中较重要的是 1911 年对卫城的发掘，以及 1938 年至 1953 年对下城的发掘。此后则是间断性地对一些古建筑进行加固，或者在现代基建工程必须要破坏的区域进行抢救性发掘。1994 年，一项旨在深入研究库玛城的全面发掘计划正式启动了，考古工作者们重新挖开了早年已经发掘过的一些墓葬，并对城墙北段、下城以及港口区进行了试挖掘。2001 年又在下城的北部展开考古发掘和物理勘探。2007 年起，由那不勒斯东方大学以教学实习的形式持续开展考古发掘，工作集中于下城的浴场和北城墙之间的希腊—罗马时期居住区。2018 年，也在卫城的朱庇特神庙内展开了局部的发掘。

库玛城中可追溯到希腊殖民地时期的遗迹是卫城内的阿波罗神庙和朱庇特神庙，以及所谓的“西比尔岩洞”。公元前 6 世纪，可能因为与埃特鲁里亚人的关系紧张，修建了现在所见的城墙。公元前 5—前 4 世纪，虽然被塞尼梯人占领，库玛仍然保留了希腊文化和宗教，这一时期没有太多的考古学材料。从公元前 4 世纪晚期到帝国时期，在保留原来基本布局的基础上，库玛城里出现了越来越多与其他罗马城市相似的建筑，包括浴场、斗兽场、皇帝神庙、拱门等。因为地中海世界文化交流的频繁，埃及文化也在这里留下了印记，例如圆形陵墓、伊西斯神庙等。

城墙与城门

目前，考古学家只发掘了库玛的北城墙。现存最早的库玛城墙修建于公元前 6 至公元前 5 世纪初。当时的城墙不仅防御着外敌，还防护着城市免受城郊潟湖泛滥之灾。公元前 3 世纪，城墙增加了幕墙（cortina）。公元前 1 世纪初又以一道“近网状砌造法”（quasi reticolato）修筑的内墙取代了幕墙，同时填平了城墙外的壕沟并铺设路面，使之成为环城道路。罗马帝国时期，由于亚平宁半岛内部局势相对稳定，和许多同时期的城市一样，城墙的防御性退居其次，城墙被进行了“纪念化”的改造。库玛的南城墙可能沿着海岸分布。一直到公元 5 世纪，毗邻城墙的郊区土地都为墓葬所占用，这也表明，城墙一直未失去它作为城区和城郊分界线的意义。

考古发掘中的偶然性决定了人们不可能完全看到自己想看到的东西。当年的库玛应该有数座城门，但现在只发现了建于公元 95 年的“幸福门”（Arco Felice）。就像大部分罗马时期的同类建筑一样，幸福拱门以砖砌造，外覆大理石板，两侧的门墩各有三个放置雕像的壁龛。后来拱门的门洞被砌墙封实，18 世纪重修时也完全改变了它的东立面。现在只能在内拱面和西立面一窥一千多年前罗马帝国时期的原始结构。与它同时完工的图密善大道从拱门下穿过，人们正是由此出入城市。

卫 城

卫城的山体中有一段隧道，几乎每位到访者都会对那明暗交替的一程幽长留下深刻的印象，似乎走进去，另一头便通向历史与神话的悠远。是以这条隧道曾被附会到神话中帮助过英雄埃涅阿斯的女先知身上，传说这就是她听取阿波罗神谕的岩洞，俗称“西比尔岩洞”。但它实际上是公元前 4 世纪至公元前 3 世纪时作为西城墙的幕墙而在凝灰岩山体中开凿的军事防御设施，后来改建成通往附近港口的廊道，连接着从山下的库玛港和朱利乌斯港延伸至此的长廊（即“科切伊奥岩洞”）。帝国时期又将廊道的地面降低，西侧每隔一定距离开凿一个采光孔，形成了今天见到的这条纵贯南北的地下走廊。（图 12）1925 年在隧道中进行考古发掘时曾发现一尊大理石“狄俄墨得斯盗帕拉斯神像”的雕塑，这应是一件参照希腊时期作品的罗马复制品。与雕像相关的神话出自阿波罗多洛斯的《书库》（E.5.10—E.5.13），据说在特洛伊战事胶着时，

图 12 库玛卫城的隧道，即“西比尔岩洞”。

尤利西斯俘虏了特洛伊的预言家赫勒诺斯，迫使他说出可让特洛伊覆亡的三个先决条件：其一是取得半神人佩洛普斯（Pelops）之骨骸；其二是让涅俄普托勒摩斯（Neoptolemus）为其所用；其三是盗得从天而降的帕拉斯（Pallas）神像——在希腊神话中，帕拉斯与雅典娜有着千丝万缕的联系，有时甚至被视为同一人，只要这尊神像在城墙内一日，便会庇佑特洛伊免遭攻陷。狄俄墨得斯深夜潜入城内，在海伦的帮助下盗出神像。然而在希腊人取得特洛伊战争的胜利后，返回故乡阿尔戈斯的狄俄墨得斯并未受到礼遇，反而因为尤利西斯的忌惮和此前曾失手错伤美神阿芙洛狄忒，被迫流亡意大利。也许是因为狄俄墨得斯与特洛伊和意大利之间的渊源，这尊雕像才被放置在此处，不过现在已转移到了那不勒斯国家考古博物馆。

朱庇特神庙坐落在库玛山最高处。（彩图 11）神庙修建于公元前 6 世纪末，以黄色凝灰岩建造，采用了希腊的围柱式结构，后来被废弃，直到帝国早期才重建。重建的神庙使用了网状砌造的砖墙，由前厅和后室组成，入口在东侧，前有台阶。后室即神像室，显得较为窄长，双坡顶，内墙以半圆柱和壁龛交替装饰，外墙嵌有壁柱，地面以规则的大理石板铺砌。公元 5—6 世纪，神庙被改造成基督教教堂，原本的神像室被划分为五个中殿，设置祭台、圣洗池，并在神庙的台基中开凿地下墓室。近年对这些墓室的发掘仍在持续进行。

阿波罗神庙位于卫城阶地的南侧，也是始建于公元前 6—前 5 世纪，同样以黄色凝灰岩块建造，围柱式，南北向，属于这一时期的遗迹还有两条刻有天后赫拉之名的希腊语铭文。罗马帝国早期，神庙完全改观，朝向转为东西向，并在东侧以“水泥”（罗马砂浆）增建了一个前厅，现在前室的西南角还残余有爱奥尼亚式列柱和石灰岩地面的遗迹，后室（神像室）则由两列方柱分隔为三部分。大约在 5 世纪，阿波罗神庙也被改建成了基督教教堂，西侧的列柱被砌起的墙变成了壁柱，神像室内划分为三个中殿，修建了祭台、圣洗池，并在台基中开凿了地下墓室。

下　城

广场是大部分希腊—罗马城市中最关键的元素，所有最重要的公共建筑都集中在这附近。“广场”不仅是一块露天的场地，而且是包括四周建筑在内的一个建筑群的概念。库玛下城的广场周围环绕着主神庙（Capitolium）、“大度假屋”（Masseria del Gigante）、奥古斯都祭司协会（Collegio Augustuli）、浴场（Terme del Foro）等公共建筑。

主神庙在广场一侧的正中，东西向，是一种高台式的意大利类型神庙。希腊类型和意大利类型的神庙之间最大的区别就在于后者通常建在高台基上，经由一段长而陡的阶梯方可进入正门。“主神”是对古意大利人来说最重要的三位神祇，即朱庇特、朱诺和密涅瓦，分别对应着希腊神话中的宙斯、赫拉和雅典娜。从公元前 6 世纪开始，将这三位神供奉在同一座神庙中的做法就盛行于意大利。主神庙在公元 1 世纪进行了重建，采用了网状砌造法的砖墙、科林斯柱式，同样也是前、后室的结构，后室内立有三主神的巨像。

“大度假屋”在广场东侧，这个名称是当地人的俗称，实际上它应该也是一座神庙，只不过年代久远，供奉的神祇已不可考。从建筑形制上看，它和库玛城内大多数的神庙一致，也是东西方向，高台基，前有阶梯，入口两侧各有一个水池，主体建筑分前、后二室，后室的顶端还辟有后殿。

奥古斯都祭司学校在广场南侧，俗名“柱廊神庙”，大概修建于公元前 1 世纪至公元 1 世纪之间，平面呈长方形，南北向，分为院子、前室和带后殿的后室三部分。在网状砌造法垒成的砖墙上仍可看见彩绘的痕迹。奥古斯都祭司是罗马帝国的第二任皇帝提比略设立的，专门负责开国君主奥古斯都及其家族的祭祀，这里应当是这些祭司的会集之所。

浴场位于广场西北，为东西向，有两个入口，东入口设在通往广场的道路一侧。浴场内提供罗马人惯常的全套洗浴设施，设有冷水浴室、温水浴室、发汗室、热水浴室和蒸汽浴室，西北角有一个蓄水池。3 世纪时对浴场进行了扩建和加固。罗马帝国晚期，由于库玛城的居住区集中到卫城，下城广场上的这座浴场也就渐渐废弃。直至中世纪末期，浴场的一些房间被改建后重新投入使用。

嗜武的罗马人在帝国的每个城市里几乎都修建了角斗场，这也被学者们普遍视为地中海城市“罗马化”的一个重要标志。库玛也不例外。城西的格里罗山上的圆形角斗场只留下了少许地面建筑，从残余的部分看，它和罗马城的斗兽场一样，也采用了多层的连拱结构。角斗场的主要轴线为南北向，北面和东面都应该有入口。中世纪时废弃。

伊西斯女神是来自埃及的信仰，库玛山南边码头区的这座神庙证明了埃及宗教在那不勒斯地区的传播。由于供奉的是异域神祇，神庙的样式与通常的希腊—罗马神庙略有不同，它的平面呈长方形，由四个东西并列的拱顶房间构成。但建筑技术仍和当地的其他同类建筑一样，网状砌造法的砖墙，室内的墙面以一层薄的“原始水泥”（水硬石灰和赤陶粉的混合物）抹面。

临街的巷陌中，宅第鳞次栉比。虽然保存情况不十分完好，但从倾圮的堆积中也可推想出，城内的住宅多类似庞贝城为独栋院宅，而非奥斯蒂亚城中常见的多层公寓。有的宅邸中甚至还发现有彩绘石膏残块和马赛克地面残块，这在罗马帝国时期都是造价不菲的家装材料，库玛城内居民的生活水平和经济状况可窥一斑。库玛城北边临海的山上，还发现有公元 1 世纪修建的海滨庄园。

公元前 1 世纪后半期，库玛人和意大利许多地区的人一样，流行用埃及式的圆形陵墓埋葬死者。这个时期库玛城的城墙外建造了许多巨大的圆墓。这些陵墓不仅是亡去的亲人的安憩之所，也是一个家族的“纪念碑”，地位、荣耀、声名、情感，尽系于此。

发　掘

我 2009 年参与的发掘主要在下城的浴场和北城墙之间的居民区进行。国内大多数的发掘都是分成若干个探方进行，这样便于控制各种复杂的情况，而库玛城却是大面积式的同时揭露。由于多为砖石遗址，很多地层的形成原因是建筑物的倒塌。地层中出土的遗物不多，主要是彩绘的墙壁抹泥残块（intonaco），统一编号更有利于对当时城址的布局和建筑物的布局有总体性的把握。

这个发掘区所能看到的人类建筑活动主要分为三个时期：最早是在希腊殖民地时期，我们发现了一座公元前 8 世纪后半期的居址，在公元前 7 世纪至前 6 世纪进行了重修。接下来大约是在公元前 4 世纪至前 3 世纪，这里新建了两座古罗马式公寓：西边的一座在公元前 2 世纪至前 1 世纪之间增建了柱廊、会客室、服务用室以及两个临街而开的店铺；东边的一座只保留了少量房间的遗址。最后是罗马时期，从主神庙而来的一条南北向道路穿过了这个区域。

工地附近种满了无花果、黄杏、甜瓜、石榴和葡萄，果实累累，很是喜人。

我住在法国同行的工作站里，望出去尽是青翠，山，罗勒草田、葡萄园、柠檬树和无花果林，白色野蔷薇的香气，海风挟着红嘴鸥的叫声，还有火山的硫黄味，这就是谚语说的“看一眼那不勒斯，然后死去”吧。每天傍晚收工后，慢慢地徜徉在两千年前的图密善大道上，两旁是显贵人物们精心装饰的陵墓和建筑，已经发掘过的遗址都覆盖上了厚厚的细沙，随处可见的虞美人绽开着艳丽的红。这些花根系浅，吸水力强，既对遗址有保护作用，又为这个考古公园增添了生机。无生命的砖石、曾存在的古城、渐消逝的历史、正鲜活的当下，相互交映，别有一种抚今怀古的悠远思绪，在时间流淌的长河里溯洄逡巡。

在库玛的夜晚，看着那由纤瘦渐丰腴的月一夜夜向山那边沉下去，忽然之间我觉得正在经历一件奇妙的事情。希腊人的船从海那边驶过来，他们在临海的山崖上建筑卫城，又在山下搭建了下城，而今天，却由我这个异乡人参加了重现它们的过程。如果抹去“时间”这道屏障，你会看见我在希腊人和库玛人的道路、房屋里穿行。他们的喜怒哀乐虽然埋葬在岁月里，我却在泥土中触碰到。我现在看的这片天空，他们都曾经看过，也许他们也像我一样曾对着它冥想。他们不会知道，在两千年后，有一个来自遥远东方的人在感受着他们或许也曾有过的感受，窥探着他们人生的华彩。

离开库玛的前一夜，他们带我到海边。我们打着手电筒穿过葡萄园，翻过栅栏，踩着青草上的露水，黑暗中窥视着的是丛林的影。忽然间，一点、两点，周围开始飞舞着萤火虫。再往前走，四周渐渐明亮起来。夜那么静，我听见了这蓝色星球呼吸的声音，才发现已经穿过了树林，眼前豁然是一片海，左手边却兀自孤单耸立着一座山崖，边上嵌着一片圆的月，辨了一下方向，才发现，那便是卫城。我们静静站在礁石上，听着海浪声。有船经过，响起一声闷重的鸣笛。“希腊人就是从那儿来的”，有人指着西南方，告诉我。我站着，望向希腊人来的方向，背对着罗马人的城。如果说文字和遗迹是历史的骨血，那么这一刻，我触碰到了历史的灵魂。漫天星河下，库玛不曾死，库玛一直活着。

但很可惜的是，由于意大利近年经济增长放缓，意大利政府不得不压缩了在文物保护方面的支出。库玛曾经是那不勒斯湾著名的考古遗址公园，如今早已岗亭废置、游人绝迹，唯余下寥寥的考古工作者和向海的断壁颓垣。对比起 39 千米外庞贝城的熙攘，这里寂寞而寥落，但其实从研究价值和意义来说，库玛一点也不亚于庞贝。

大希腊

公元前 8 世纪的爱琴海地区，铁农具的使用大大促进了土地的开垦耕作，人口急剧增长。希腊人的城市建设理念具有自觉性，当城市的空间饱和后便趋于稳定，不再不断地扩展，而是在附近另外选址修建一个类似的甚至规模更大的新城。当爱琴海的宜居之地都趋于饱和后，希腊人便向外开拓殖民地。在这个过程中，库玛是亚平宁半岛的第一站，此后希腊人又陆续在半岛的南部建立了数十个殖民城市。土地和粮食贸易是希腊人拓展殖民地的最大原因，所以他们才会对土地肥沃的半岛南部格外青睐。而早期适宜航海的港口也都位于南部，在这里爱琴海与亚平宁之间的往来更加便利。后来，半岛南部就被称为“大希腊”。

除了库玛城以外，现在保存较好的是西西里岛阿格里真托的神殿谷。山丘顶上排列着朱诺女神神庙、和谐女神神庙（彩图 7）、朱庇特神庙等，山坡之下有广场、剧场、居民区等。城市布局和建筑风格都是希腊式的。

希腊人的到来给半岛带来了新的变化。正是在这个时间节点，半岛的社会发生了深刻的变革，形成了贵族阶层。虽然现在史学家们尚不能明确判断这与希腊人具体有何关系，但可以确定的是两者之间应是有所关联的。而罗马建城的时间点非常巧妙，如果依据现在通行的判断，应该是在公元前 8 世纪的后半期，这也正是半岛南部在希腊人影响之下纷纷建城的时代。

第四章　乌尔奇[1]

埃特鲁斯坎

从爱琴海来的希腊人主要在半岛南部活动，对罗马建城和壮大同样有深刻影响的还有北边的埃特鲁斯坎人。“埃特鲁斯坎”是罗马人对他们的称呼，希腊人则称他们为“第勒诺伊”（Tyrrhenoi）或“第勒塞尼亚人”（Tyrrhenians），他们自称是“拉森纳”（Rasenna）或“拉斯纳”（Rasna）。埃特鲁斯坎人的栖身之地被称为“埃特鲁里亚”，地跨托斯卡纳、拉齐奥和翁布里亚三大区，第勒尼安海、亚平宁山脉以及埃尔诺河、台伯河两河之间的这块三角形区域，土地肥沃，水源充足，蜿蜒起伏的山间镶嵌着一块块碧玉般的平原，多样的地形孕育着多样的生计方式，农业、畜牧业都是这里的黄金产业。地面以下，是无穷尽的宝库，这里的铜矿、铁矿存量几乎是地中海中部地区占有量的全部，此外还有银矿和锡矿。考古发掘在这里发现了公元前 8 世纪的矿冶遗址，甚至在二战期间，意大利人还将这些巨大的矿渣堆重新提炼，以满足军工业的需求。今天，这片区域的海滨

1　本章参考文献：［美］布朗主编：《伊特鲁里亚人：意大利一支热爱生活的民族》，徐征等译，广西人民出版社，2002 年版。

地带几乎难以找到适宜的港口，但在埃特鲁斯坎时期这里曾经遍布潟湖，为出海航行的船只提供了停泊处。资源和交通的双重便利，使得积极开拓贸易事业的希腊人和腓尼基人很早便跨海逐利而来，与此地建立了长期而稳定的贸易关系。

埃特鲁斯坎文明大概起源于公元前9世纪。从古至今，关于他们的来源都充满争议。希罗多德如是记载：

> 吕底亚人的风俗习惯和希腊人的风俗习惯是很相似的，不同的只是他们叫他们的女儿卖淫这一点。据我们所知道的，他们是最初铸造和使用金银货币的人，他们又是最初经营零售商业的人。依照他们自己的说法，那些在他们和希腊人中间通行的一切游戏，也都是他们发明出来的。他们说他们发明这些游戏，正是他们在第勒塞尼亚殖民的时候。关于这件事他们是这样讲的：在玛涅斯的儿子阿杜斯王当政的时代，吕底亚全国发生了严重的饥馑。起初的一段时期，吕底亚人十分耐心地忍受这种痛苦，但是当他们看到饥馑将持续下去并毫无减轻的迹象时，他们便开始筹划对策来对付这种灾害。不同的人想出了不同的办法。骰子、阿斯特拉伽洛斯、球戏以及其他各种各样的游戏全都发明出来了，只有象棋这一项，吕底亚人说不是他们发明出来的。他们使用这些发明来缓和饥馑。他们在一天当中埋头于游戏之中，以至不想吃东西，第二天则只是吃东西而不游戏。他们就这样过了十八年。但是饥馑的痛苦仍然是压在他们身上，甚至变得越来越厉害了。最后国王只得把全体吕底亚人分开，叫这两部分人抽签决定去留，而他将继续统治抽签后留在国内的那一半人。移居国外的人则归他的儿子第勒赛诺斯来领导。抽签之后，应当移居的人们就到士麦拿去，造了船舶，把他们一切可以携带的日用财物放到船上之后，便起程寻找新的生计和土地去了。直到最后，在他们驶过了许多民族的土地

以后，他们到达了翁布里亚。他们就在那里建立了一些城市，从此定居下来了。他们不再称自己为吕底亚人，他们按照率领他们到此来的王子第勒赛诺斯的名字，称自己为第勒塞尼亚人。[1]

若据这段陈述，第勒塞尼亚人（也就是希腊人口中的埃特鲁斯坎人）原本是小亚细亚吕底亚王国（今土耳其西北部）的一支，因为遭受了难以克服的饥馑困厄，不得不背井离乡，漂洋过海谋生，最终来到了埃特鲁里亚。

但其他一些希腊文献则有不同的记述。莱斯波斯岛的赫拉尼库斯（Hellanicus of Lesbos）与希罗多德同样生活于公元前 5 世纪，平生著述极为丰富，只可惜历经岁月摧磨仅剩下一些断篇残章。在他所著的《弗洛尼斯》（*Phoronis*）的残篇 76 中记载道：佩拉斯古斯（Pelasgus）和他的妻子梅妮培（Menippe）诞育了法拉赛、阿明托、提乌塔米塞斯和纳萨斯（希腊东部塞萨利的 Pelasgiotis）几位国王。在纳萨斯治下，佩拉斯基人（Pelasgians）“崛起”（anestēsan）反抗赫伦人（Hellenes），后者可能征服了塞萨利。这场反抗以佩拉斯基人离开爱琴海告终，他们横渡茫茫大海，到达了意大利，首先占领科尔托纳（即今托斯卡纳），随后建立了第勒塞尼亚。赫拉尼库斯相信来自塞萨利的佩拉斯基人正是埃特鲁斯坎人的祖先。

遥远的年代里，也有另外一些不同的声音。公元前 1 世纪，哈利卡纳索斯的狄奥尼索斯（Dionysios of Halikarnassos）总结道，埃特鲁斯坎人并非移民，而是一直住在当地的“原住民”。

时至今日，学术界对埃特鲁斯坎人来源的看法也不外如是，不过有了更多具有逻辑性和系统性的推论。由于今天对埃特鲁斯坎人的认知主要来自“非我族类”的叙述，他们本身的文字大多难以破译，历史对今人来说已是遥远的他乡，埃特鲁斯坎更是千山万水之外，他乡的他乡。

1　［古希腊］希罗多德：《历史：希腊波斯战争史》I.94，王以铸译，商务印书馆，1959 年，第 49—50 页。

所幸现代考古学科的兴起使得今天与过去、文字与现实之间的距离近了些。通过一系列的测年、分析手段，埃特鲁斯坎人的遗迹得以确认，至少对他们的认识不再是空中楼阁，而是可触可见的现实；关于他们来源的讨论，不再是神仙打架般的云里来雾里去，而是精细到可对其生用死归的条分缕析。

虽然在具体来源地点上意见不同，但古希腊的几位作者都不约而同地将埃特鲁斯坎人与地中海东部联系起来。实际上，在埃特鲁斯坎人留存至今日的遗产中，确有一些与东地中海相似的“物证”。埃特鲁斯坎最有特色的“坟丘墓”（tumulus），在安纳托利亚的吕底亚和弗里吉亚也很常见。爱琴海利姆诺斯岛（Lemnos）上也发现过公元前6世纪晚期的墓碑，上面的文字与埃特鲁斯坎语很相似。埃特鲁斯坎人在凝灰岩山体中开凿引水渠的做法，也与自迈锡尼时代以来爱琴海部分地区的水利工程类似。但另一方面，考古学证据也显示了意大利北部和中部从青铜时代早期的维拉诺瓦文化到埃特鲁斯坎的连续发展。

考古学研究的特长在于对古代残留物质进行深度的分析，通过各种技术手段和如侦探般缜密的解释逻辑去还原历史的现场。不过这其中也存在很多的局限性，所有的出土物都是偶然概率之下的留存，今天的发现又是偶然之中的偶然，这使得我们不能随心所欲地获得所有相关物证，而只能就偶然的碎片去拼凑真实的历史，于是历史“疑案”的产生也就成了必然。再者，物质与活生生的历史之间也相去甚远，我们很难通过一群人“用什么”来判断他们“是什么”。对于物质的选择固然能反映人们对功能的需求和对审美的要求，却很难反映他们内心的认同。很简单的一个例子是，哪怕一个人的家中全是进口货，他也很可能是个彻头彻尾的本地人。但物质对于文化研究又并非毫无用处。若我们追溯到事物出现的源头，就能展现出不同的意义。比如最早在中国出现的一批咖啡壶，一定反映了一种外来文化的输入。这里要注意的是，在考古学研究中，作为集合体出现的“物质”才是有效的，作为个体出现的“物质”则因为背后联结着无数的可能，在分析时的有效性不如前者。

仅凭“物质”的相似很难判断人群的相似，即便在生死大事上，也存在着很多的决定因素。今天一线城市的公墓中，埋葬着很多故去的市民，他们生前可能来自东南西北各个不同的方向，有着自己独特的口味和归属感，有着自己的文化乡愁，死后却都以相似的形式葬在了一起。

对于埃特鲁斯坎文化的来源，尽管没有定论，但学术界倾向于认为，这是一支本土发展起来的，却广泛吸收了地中海其他地区文化的发达文明，他们学习了希腊人的文字、雕塑和绘画风格、纪念性的神庙，却有着自己的风俗、神祇和信仰。

公元前 14 世纪以前，意大利中部如一支悠长的田园牧歌般缓缓发展，尽管人口在增长，聚落在扩大，但人们住在山上的简单房屋内，没有太过坚固的防御工事，日子就这样不紧不慢地过着。然而从公元前 14 世纪开始，出于现在尚说不清的原因，原有的居民点纷纷被遗弃，人们聚集到更大的、防卫更森严的中心聚落中。处理死者的方式也转为使用火葬。地中海东部的物品正是从这个时期开始出现在意大利中部。公元前 1200 年左右，和爱琴海突然衰落的迈锡尼一样，意大利、土耳其甚至埃及等地都陷入了危机，似乎有一些外来的移民肆意在地中海横行。寂暗之中也孕育着繁盛。也许正是由于异文化引发的震荡、碰撞与交融，新时代才翩翩而来。公元前 10 世纪，铁器时代拉开序幕，埃特鲁斯坎文明也从混沌之中渐渐成型。在公元前 8 世纪至前 7 世纪，埃特鲁斯坎文化表现出与半岛其他文化不同的复杂性。这种不寻常的、迅速的崛起可能与腓尼基人、希腊人的到来不无关系。成片的村庄组合成为城邦，积攒了几个世纪的文明种子如遇一夜春风迸发繁花万朵，社会变得复杂，埃特鲁斯坎人的势力也向半岛的其他区域扩散。

文字、城市与墓葬

埃特鲁斯坎文字以希腊-埃维厄字母的形式书写，最早约出现于公元前 700 年，不过虽然书写形式相近，表意系统却与古希腊语、古拉丁文或古意大利的其他文字都不同。实际上它并不属于印欧语系，也与印欧语系没有任何已知的语源关系。由于现存的文本都很短，所以大部分都无法释读，能够释读的仅有一些简单的地名、神名而已。1964年在皮尔吉（Pyrgi）的卡西里（Caere，又译“开雷”）港口发现了三块铭文金箔片（plaques），年代大约是公元前500年，文字内容都是卡西里国王提法瑞·维利阿纳斯（Thefarie Velianas）致乌尼女神（Uni），原本可能被钉在乌尼女神神庙的门上。乌尼相当于罗马的朱诺、腓尼基的阿施塔特女神。其中两块用埃特鲁斯坎语书写，是目前发现的埃特鲁斯坎文字中篇幅最长的，另一块则用迦太基语书写。当年埃及象形文字的破译正是因为罗塞塔石碑上同时用古希腊文、古埃及象形文和古埃及草书三种文字铭刻了相同的内容，相互参照之后逐渐揭开古文字的面纱。不过这种办法却难以如法炮制，因为三块金牌之上两种语言的文本并非能完全地对译，所以仍然难以作为释读埃特鲁斯坎文字的参照。

图13　索瓦纳地区埃特鲁斯坎时期在山体中开凿的水渠

埃特鲁斯坎人的居址保存得不太好，常常被叠压在晚期的城市之下。早期的埃特鲁里亚人选择居住在小型聚落中。房屋建筑比较简单，单间，为圆形、椭圆形、方形或长方形，是木骨泥墙，有茅草顶。

到公元前7世纪末，埃特鲁斯坎人用凝灰岩建造房屋，在凝灰岩山体中开凿水渠（图13），在悬崖上开凿墓穴。他们的居处被称为“凝灰岩上的城市”。（彩图12）凝灰岩是一种松软的火山石，尤其在埃特鲁里亚南部分布广泛，河流将其切割成陡峭的悬崖，为埃

图 14　索瓦纳“凝灰岩之城”考古遗址公园

特鲁斯坎人提供了天然的防御。（图 14）

埃特鲁斯坎人通常选择在山顶居住，他们的城市平面布局以直角相交的形状闻名。尤其在城市的正中，两条主要的相交街道形成直角。罗马人很喜欢这种特征，将两条街道称为“cardo”（南北中轴路）和“decumanus”（东西中轴路），后来在其新建的殖民地中大加运用。埃特鲁斯坎人不独喜欢规则的城市，也尝试在墓地中贯彻这一原则。奥维托的墓地就采用了直角布局，街道的朝向为正方向。切尔维特利（Cerveteri）的部分墓地内也尝试建造规则的布局。

埃特鲁里亚地区的大多数城市都长时期有人居住，如佩鲁贾和奥维托。房基用石头，上层结构则是木材和晒干的泥砖。城墙应该也是石墙基、泥砖墙体的混合结构。因此，常常保存得比较差。

埃特鲁斯坎人没有统一的政府，而是像希腊人般以城邦的形式组织在一起，国王和贵族统治着城市。在公元前 8 世纪至前 7 世纪，埃特鲁斯坎的力量急速膨胀，北至波河河谷，南至拉丁和坎帕尼亚地区。埃特鲁斯坎国王从公元前 600 年至前 509 年统治了罗马。埃特鲁斯坎势力膨胀的同时，也遭遇了一系列的反击。公元前 474 年，在锡拉库扎的一场海战战败后，埃特鲁斯坎的海上权力衰退。高卢人在公元前 5 世纪至前 4 世纪从北边袭击了意大利，翁布里-撒贝利（Umbro-Sabellian）部落在穿过半岛向西移民的过程中占领了埃特鲁斯坎的城市。与罗马之间的长期战争继而发生，最终在公元前 1 世纪以罗马的胜利告终。埃特鲁斯坎在公元前 90 年接受了罗马的统治，实际上埃特鲁斯坎文明融入了罗马世界。他们对于罗马的影响主要表现在：埃特鲁斯坎神庙类型、带门厅的宅邸（atrium house）、雕塑的写实性、托加长袍、字母表、所谓的“罗马”数字、建城和占卜仪式、血腥游戏的品味。

埃特鲁斯坎墓葬

我们今天对埃特鲁斯坎文明的了解大多数来自他们遗留下来的墓葬。

自维拉诺瓦时期始，火葬便很普遍。死者火化后的骨灰被放入各种样式的骨灰瓮内。骨灰瓮有头盔形的、双锥体的，但最流行的是房屋形状的。尤其是富人们的葬具，被精心修饰得如同微缩的房屋模型。送葬的队伍将骨灰瓮放置在岩石上开凿的或石头围砌的墓穴内，在周围陈列日常用品或墓主的战利品。

在埃特鲁里亚北部，火葬墓一直流行到埃特鲁斯坎文明末期。有些骨灰瓮上雕以死者肖像，直到今日，人虽故去，面貌却仍鲜活。

南部地区的情况则不太一样。公元前 5 世纪至前 4 世纪，这里更盛行土葬。人死去后，便被用亚麻衣物包裹起来，放置在尸床（funeral couch）或石雕尸床（stone-carved equivalent）上，或放置在木或陶（terracotta）的棺内，或木箱的石仿制品中。在那些生前便习惯享受奢华尊荣的人看来，死亡虽然是肉体的终结，却是另一种生活的开启，此世的浮华仍将延续，于是墓室也向着“豪宅”的方向发展。

正如埃及那些暴露于地面的墓葬，埃特鲁里亚墓葬吸引了大量的旅行者和盗墓者，造成了很多资料的丢失。有时一片墓群覆盖在一个坟丘底下，也有另一种情况，地面没有墓葬的标记。墓葬本身通常在凝灰岩山体中开凿，或修建在有大块凝灰岩的地下，常包含壁画、雕刻石棺、大量随葬品。最典型的墓葬是这样的：沿着斜坡，便可进入墓室，不同的“房间”属于不同的家庭成员，沿着墙壁设有放置尸体的床或座椅。与埃及的墓葬类似，埃特鲁斯坎人对于死后也有着“复制生活”式的准备。切尔维特利的“浮雕之墓”内，凡目光所及处几乎遍布浮雕，尸床上放着施彩的灰泥枕头和拖鞋，床下雕刻着貂和鹅，柱子上“悬挂”着各种厨具、农具、日用器具。塔尔奎尼亚的蒙特罗兹墓地中有大约200多座壁画墓，“鸟占者之墓”（公元前6世纪）内描绘了鸟占者。埃特鲁斯坎的祭司有利用动物内脏占卜的肠卜僧、通过雷电占卜并能召唤闪电的电卜者（fulguriatore），还有就是通过观察鸟类飞行占卜的鸟占者。他们需要仔细地观察鸟儿的种类、数量。埃特鲁斯坎人认为天空可分为16个区，每个区属一位神管辖，那么还要观察鸟类在天空中的位置属于哪个神，在这些变化中做出占卜。“公牛之墓”（公元前6世纪）内既有公牛、鸟、马头鱼尾兽、豹子、狮子和山羊，也有传说中特洛伊王子特洛伊罗斯被伏击的场景。“豹子之墓”（公元前5世纪）内描绘了宴会的场景，宾客们倚坐着，还有乐者、侍者等形象，这可能是一场为死者举行葬礼时的宴会，也可能是在死者去世周年纪念日举行的家庭聚餐。“渔猎之墓”（公元前6世纪）中，则在壁上描绘了水中舟上的渔夫，岸上逐鸟的猎人。“躺椅之墓”（公元前5世纪）中描绘了演奏巴尔比通的乐者、在林间起舞的年轻男女。此外，墓葬内也有重要的希腊容器。埃特鲁斯坎人喜爱阿提卡半岛生产的陶器，进口后作为日用品，也随葬在墓葬中。

埃特鲁斯坎墓葬中最令人印象深刻的除了几乎可以称得上是艺术品的壁画和浮雕以外，还有石棺之上出现的死者形象。棺盖上以立体圆雕再现着死者的音容笑貌，写实的技法让观者相信那就是他们生前的真实相貌。当然，也不是没有经过艺术加工的可能，毕竟人都有爱美的天性。棺盖上的死者雕塑或为单人，或为夫妇二人。生前同室的夫妻，死后不仅同穴，而且同棺。或者以一种舒展的姿势相依偎着斜倚而坐，或者相对相拥。雕塑艺术可能受到希腊的影响，感情却是埃特鲁斯坎式的。在古希腊的墓葬艺术中，甚少见到平凡夫妇死后仍如此相依相亲的。但从另一个角度来看，并非不存在疑问，夫妻之间同生易，共死却难，在埃特鲁斯坎人的葬具中，夫妻形象同时出现的并不在少数，不太可能所有的夫妻都是同时死亡同时埋葬的，也许他们有别样的处理方式，比如说一方死后，权厝于某处，待另一方也死亡时，再一同入葬。无论如何，看来埃特鲁斯坎的社会关系里，夫妻关系是一个值得强调的重点。这背后的原因，既有对情感的认知，也可能有财产制度和家庭模式等因素的影响。公元前1世纪的艾・维基骨灰瓮上，同样也塑造了一男一女的形象，男子按照惯例斜卧，女子却俯卧在他怀中抬头仰望男子脸庞，由于这两人的表情不似其他死者形象优容恬淡，尤其男子的脸，肌肉紧绷，肃穆而略带一丝痛苦，因此也有学者将女子释读为女魔鬼而非妻子，她正是来将这个男子带往另一个世界的。之所以认为葬具上出现的是夫妻而非其他关系，多是根据铭文判断的。然而这具葬具的铭文不全，意外引发人们对葬具上出现的死者形象的新思考：虽然仍存在漏洞，却也应重新检视，是否所有的男女都是夫妻，尤其是那些铭文缺失的，是否也存在其他的可能？

墓葬内遗留的人骨向后人透露着他们曾经的生活。埃特鲁斯坎牙医的技术尤令人惊叹。他们将小牛和公牛的牙齿、骨头或象牙进行修整，然后用栓固定住，制作成义齿，并用金质的固定桥安装在牙床上。当然，能接受这种修复手术的都不是普通人。不过在罗马人统治埃特鲁里亚以后，这种牙医技术却失传了。

乌尔奇城

乌尔奇位于罗马西北80千米处的第勒尼安海岸，在今天拉齐奥大区维泰博市的蒙塔尔托-迪卡斯特罗和卡尼诺之间。自圣菲奥拉附近的阿米亚塔山发源的菲奥拉河流经托斯卡纳南部、拉齐奥北部，成为乌尔奇与拉齐奥地区之间最重要的交通要道。虽然乌尔奇的财富、壮丽规模和人口都是埃特鲁里亚城市中的第一城，但它在古代文献中很少被提及，或者相关的文献已经丢失，因此它的历史主要也只能依靠考古学的重建。

根据李维在《罗马史》（VII.21）中的记载，埃特鲁里亚有十二城或十二部落联盟，乌尔奇即其中之一。十二城之外的城市均为自治，但均与十二城有联系，并以沃西尼（Volsinii）附近的地府神沃图纳神殿（Fanum Voltumnae）为同盟圣所，这个神殿的确切位置迄今未知，但普遍认为应该是在今天的奥维托附近。

公元前 11 世纪到前 9 世纪初，也就是考古学上的维拉诺瓦文化时期，乌尔奇与撒丁岛之间便建立了频繁的贸易关系。在乌尔奇有一处建于公元前 850 年至前 800 年的卡瓦卢珀墓地（Cavalupo），其中有一座墓葬由于出土了大量来自撒丁岛的青铜器而被称为“撒丁青铜器之墓”，一般认为墓主是一位高等级的撒丁女性，其中一件精美的青铜战士雕像现在收藏于罗马朱利娅别墅的埃特鲁斯坎博物馆内。与此同时，在撒丁岛也发现了大量维拉诺瓦时期的铜带扣。

公元前 8 世纪，正是埃特鲁斯坎遽然崛起的时期，作为中心聚落的乌尔奇也显现出扩张之势。乌尔奇生产的棚屋形或圆锥体青铜骨灰瓮开始出现在希腊地区。因为这是一种葬具，而非普通的日常用品，它的远销海外不纯然是商品贸易，同时可能也意味着一种丧葬习俗的扩散，换言之，也就是部分强势文化因素的向外传播。

公元前 7 世纪，乌尔奇的财富积累逐渐可以支撑“奢侈品”产业的兴起。“奢侈品”的含义主要是两种：一种是与日常生存需求无关的，一种是与日常生存需求可以有关也可以无关的稀缺资源。物以稀为贵，此话千古不谬。贫富分化产生以后，富裕阶层便会开始追逐稀缺资源，从外地进口的稀缺品更加受到追捧。在这个时代的乌尔奇，能看到从地中海各地进口的昂贵且精美的产品，许多希腊人也来到这里谋生，从事精美陶器、青铜和黄金等商品的制造或贸易。后来在公元前 1 世纪，哈利卡纳苏斯的狄奥尼修斯如此追述：“（埃特鲁斯坎人）是一个喜爱美食和奢华生活的民族，无论是在家中还是野外，除了生活必需品外，他们总是会带着各种用于享乐和奢侈生活的昂贵艺术品。”

公元前 6 世纪是乌尔奇最繁华的时代，奥尔贝泰洛、萨图尔尼亚、索瓦纳、卡斯特罗、皮蒂里亚诺和马西里亚纳尽归其治下。它成为进口商品的中心，异方殊物纷至沓来，精美的阿提卡陶器、珍贵的东方香脂、美丽的珠宝共同构成了富人们奢华的物质生活。乌尔奇也源源不断地向地中海输出着埃特鲁里亚地区的产物：青铜器、陶器和葡萄酒。

乌尔奇最早的码头在菲奥拉河岸边。随着贸易规模的扩张，河运码头已不足以应付激增的吞吐量，因此在瑞吉斯维拉（Regisvilla）建造了一个更大的海港，从而能够参与到地中海海上势力格局的角逐中。

根据文献的记述，罗马王政时代其实是罗马人和埃特鲁斯坎人交替执政的时代。塞尔维乌斯·图里乌斯和卡里乌斯·维本纳（Caelius Vibenna）都来自乌尔奇。乌尔奇的洛托桥墓地中有一座弗朗索瓦墓（François Tomb），年代大致在公元前 4 世纪末，可能属于萨提俄斯家族（Saties），墓内的壁画中出现了塞尔维乌斯和卡里乌斯的形象和名字。

罗马人和埃特鲁斯坎人之间的战争持续了很多年。公元前 310 年、前 283 年，埃特鲁斯坎人在瓦迪莫湖畔战败，但乌尔奇直到公元前 280 年才被提比略·科伦卡尼乌斯（Tiberius Coruncanius）攻克，后者在乌尔奇原址上建造了科萨（Cosa）殖民地。罗马人占领了原本被乌尔奇控制的海岸，切断了他们的权力基础，导致了城市的衰落。埃特鲁斯坎同盟遭到分化，并很快被并入了罗马。

罗马时期，乌尔奇城似乎不再具备重要性，但这一时期还是修建了一些宏伟华丽的建筑。北城门外的道路可能是在图拉真时期重新铺设的。中世纪时乌尔奇成为主教的教区之一。城市最后废弃于公元 8 世纪。

布　局

乌尔奇城属于埃特鲁斯坎时期的城墙应是建于公元前 4 世纪上半叶，在与罗马人开战前的全长约为 6.5 千米。最初原本有五座城门，现在仅余三座。北城门的遗址显示了当年的防御森严。它的西侧有一条许愿渠，渠内堆积了从希腊化时代到公元 1 世纪的祭祀遗迹，这种祭祀似与祈求丰产有关。在渠边有在岩石内开凿的墓葬群。西城门是东西中轴路的起点之一。中轴路保存完好，路面铺砌着火山石。

罗马时期乌尔奇城内也修建有广场，普布里乌斯·苏尔比基乌斯·蒙杜斯拱门便穿过广场西侧的东西中轴路，拱门上的铭文显示它被题献给公元前 100 年左右的这位罗马元老。

东西中轴路沿线是大型的住宅区。其中保存最完好的是路北侧的一幢大型宅邸，由于地下结构特别而被称为“隐廊之宅”。隐廊（cryptoporticus）这种构造在罗马建筑中通常用于露台或室内市场，部分在地下，顶部覆盖门廊，因而得名。这座宅邸宽敞豪华，推测始建于公元前 2 世纪到前 1 世纪，在奥古斯都时期又进行了多次翻新，弗拉维与哈德良时期曾被改建，后来遭到废弃，成为墓地。经过复原，在宅邸前部有一列长方形小房间，也许是临街而开的作坊。宅子的主入口通往宽敞的中厅，卧室和起居室环绕分布在中厅周围。次入口则通往一个喷泉庭院，但这里原本是小厅，大概在公元 1 世纪晚期才改造成现在见到的样子。这个喷泉庭院也可通往主厅，接着来到另一个长方形的柱廊庭院。宅邸始建阶段的马赛克地面至今仍存，也有部分房间的马赛克地面是奥古斯都时代铺设的。宅邸内还有宁芙池（这是罗马富人家宅中常见的一种水景设施，时人认为宁芙是生活在山林水泽中的美丽精灵，因而得名）、游泳池和浴室。浴室在奥古斯都时期由四个房间减少成三个房间，分别是更衣室、土耳其浴室和热水浴室，地面上精心镶嵌着马赛克拼砌的图案。紧邻浴室南面的是这座宅邸的服务性区域，也就是奴隶杂役活动的空间，此处有一条狭窄的便道与宅子外头的东西中轴路相连，或许是为了方便奴隶们的出入。隐廊之宅的地下部分入口隐秘，现在仍然保存着完好的筒形穹顶，通风和照明有赖于 18 个朝花园打开的窗口，这里可能是储藏葡萄酒和橄榄油的场所。宅邸西北侧有一组可能建造于公元前 4 世纪的建筑群，年代远远早于宅子本身，用途未知，只能观察到有水渠的存在，以及用砖、瓦和当地石料铺砌的地面。

第五章　罗　马

王政时代

前文说过，罗马起初在亚平宁半岛是一个再普通不过的小聚落。然而，希腊人的到来、埃特鲁里亚地区的发展，为它带来了机遇。希腊殖民者在半岛南部建立了一系列的殖民据点，与埃特鲁斯坎人开展贸易。正是在这种频繁的贸易关系中，作为埃特鲁里亚与坎帕尼亚中点的拉丁地区才逐渐被带动，加快了发展的步伐。

公元前 8 世纪初，大希腊地区的库玛、阿格里真托等城市相继建起。埃特鲁斯坎发展的势头也进入了一个高速的阶段。与此几乎同步，罗马所在之地也开始出现变革的迹象。

根据大多数传统文献的观点，罗马正是在公元前 8 世纪建城并进入了王政时代。李维在《建城以来史》中详细记述了王政世系，从建城到共和国以前，罗慕路斯（前 753—前 717）、努玛·庞匹留斯（前 716—前 674）、图路斯·赫斯提利乌斯（前 673—前 642）、安库斯·玛尔奇乌斯（前 641—前 617）、塔尔奎尼乌斯·普里斯库斯（前 616—前 578）、塞尔维乌斯·图里乌斯（前 578—前 534）、塔尔奎尼乌斯·苏佩尔布斯（又称“高傲者塔尔奎努斯”，前 534—前 509）七位王先后统治着罗马。虽然古人言之凿凿地列举了这一时期当政的国王们的姓名和事迹，但这些人物的真实情况依然遭到了许多质疑。迪奥多·蒙森在《罗马史》中认为，历史文献关于王政世系和历史事件的记述不尽可信，既有传说的成分，也有移花接木或添油加醋的加工处理，但这些记述背后所反映的社会制度和结构却应是具有历史真实性的。人们的记忆可能会弄错具体的人和事，可能会将事件叠加、颠倒、增删，也会因为立场或利益故意地编造或歪曲事实，但他们所生活的环境却在无意识间为思维打下了烙印，关于社会制度和深层次结构的信息很难也没有太多必要去编造。

在七位国王中，建城者和第一任国王罗慕路斯的真实性是受到质疑最多的，历史学者们几乎公认这是一位神话或半神话的人物。从历史文献相互牴牾的叙述中，也能看出传说编造与产生的过程。公元前 5 世纪，罗马建城的传说便已见诸笔墨，但却是在希腊作者如列斯波斯的赫拉尼克斯的著作中，据他所言，建城者正是特洛伊陷落后逃出来的埃涅阿斯本人。但当这个传说流传到意大利后，人们发现了其中的漏洞：特洛伊陷落是公元前 1185 年，共和国建立是公元前 509 年，这两个年代是确定的，如果是埃涅阿斯在罗马建城，那么便将王政时代的历史拉长到了 670 年，那么七位国王平均每人要执政九十余年，才能填满这个时间间隔。对于当时的人来说，每个国王都能活到如此高寿实属不易，况且根据记载，最后一任王还是被驱逐下台的。为了使得“传说”更接近真实的历史而不致引人生疑，建城者变成了罗莫斯（Rhomos），再后来在流传的过程中又增加了罗慕路斯（Romulus），传说越编造越符合逻辑且具有故事性。大概在公元前 3 世纪的文献中，罗慕路斯和讹变为罗姆的罗莫斯成为特洛伊后裔的一对孪生儿，而且为了权力发生了争斗。从这对孪生子姓名与“罗马”一名在发音上的相似也能观察到蛛丝马迹。尽管有传说宣称“罗马”（Roma）得名于“罗慕路斯”（Romulus），但是反之也很符合口述流传的惯例，即先有“罗马”之名，“罗慕路斯”只不过是据此编造的。

考古学上的证据更为直接。公元前 4 世纪早期的一根石柱（现藏于博洛尼亚博物馆）上出现的“母狼与婴儿”图像，画面中很明确地只有一个婴儿。

而5世纪初的“卡匹托利尼母狼”像（现藏于罗马卡匹托利尼博物馆）上，却赫然是一对孪生子了。

其余的六位王中，塞尔维乌斯·图里乌斯的事迹较之同时代人来说，也略显格格不入。史书之中使他声名卓著的事迹是一次极具超前性的改革，他根据财产而非所属的等级来分配政治资源和军事职务。另外的一些事迹让他的形象看起来更像是共和制的大法官，而非一位国王，但关于他的部分事件又似乎是史实。除他之外的几位王的可信度则比较高，一般认为他们应该都是真实存在的历史人物。

罗马建城的理论

尽管今天的罗马市仍在每年的4月21日庆祝着它自公元前753年以来的建城纪念日，也将“母狼哺育孪生子”的图像定为市徽，由于文献是如此扑朔迷离，学术界对于建城的年代仍存在着众多的争议。

首先是“建城”的标准。今天我们可以通过一份红头文件来宣告一个市、一个区的设立。但在那时，即便有类似的公告，可能也早已佚失了，更勿论可能尚未建立如此完善的行政文书体系。当时的人怎么来界定这样一种新的生活方式、地方行政组织，也是不得而知的。因此对于“城市”的标准，很大程度上是来自现代学术共同体的一种共识。

根据现在通行的标准，城市革命最早发生于新月形沃地。巴勒斯坦的约旦河谷、土耳其的科尼亚都发现了距今约一万年前的城址。“城市”是一种不同于村落的生活方式，它的规模更大，发展速度也呈几何级增长。村落通常是创造产品，仅仅在生态结构上发生微小的变化。城市或是重要的仪式中心，或拥有特殊的资源（如稳定安全的水资源），或是重要的商业中心，控制着重要货物的贸易，或位于贸易、移民路线的交通要道上。城市更多的是分配和消费产品，它的变化取决于统治阶层的组成和目的，发生的变化深刻地影响着整个社会。因此，早期的研究者们常常将“城市”视为与文字、青铜并列的进入文明社会的三要素之一。

但是，学者们在逐渐推进学术研究的同时，也时刻对自己研究的术语体系和范式进行检视。“文明”一词被认为带有价值评判标准而在人类学等领域逐渐被弃用。但考古学界所使用的“文明”含义却不尽相同，更多的是指能观察到社会复杂化现象的物质遗存集合体。

面对沉默的物质遗存，如何使之成为历史的证据而非碎片？这需要学者们通过特定的理论、方法进行分析后将其系统化。当城市成为城市后，城乡差别显而易见，但最难判断的是城市的发生阶段，也就是城市的初建阶段，尤其对于罗马这样一座千百年来一直在原地沿革的城市来说，分辨出它从聚落转向城市的阶段就更为困难。问题的关键在于概念的界定。

第一种观点也是过去最流行的观点，认为“城市”是一场革命，是革新性的突变，与短时性的营造行为有关，将修建具有象征意义的建筑设施如广场或城墙视为建城的标志。耶尔斯塔德认为罗马广场开始铺设地板即是“城市化”的象征。因为此后广场一直到帝国时期都是整个罗马的政治中心，那么这个区域的始建也就意味着城市的始建。但由于他生活的那个年代，考古学对于罗马广场建筑年代的认识有一些偏差，将最初地板铺设工程的年代定在了公元前 575 年左右，后来的研究成果显示，年代其实要更早一些，大概在公元前 7 世纪。如果按照他确立的标准，那么罗马城的建立应当也是在这个时期。另一派的学者以卡兰蒂尼为代表，他认为最早的建城行为不是发生在广场这个公共空间，而是在帕拉蒂诺山，他认为山上建于公元前 8 世纪后半期的墙就是建城标志。这道墙可以解释为具有防御功能，也可解释为出于自觉性政治行为而营造的空间分隔界限，这背后隐含的是界限内外空间有别的共识，以及调动资源建成这道围墙的权力生成。

以穆勒-卡培为代表的学者则更倾向于用渐进的发展过程取代“城市革命”的理论，也就是罗马并不存在短时间的、突然的建城行为，而应当是逐渐从青铜时代的聚落发展而来，在铁器时代扩展到其他山丘。

第三种观点则强调“城邦”而非“城市”的概念，蒂姆·康奈尔认为建城对应着政治组织形式的变革。对于罗马这样一个延续性很强的居住中心来说，这种变革反映在具体的物质实体上，不是局部的建筑行为，而应该是对相当大的范围内的整体空间的规划。就罗马城而言，这个过程应当发生在公元前625年前后十年间。

从上面的三派观点，可以看出，不同的理论模式会带来对同样的考古材料的不同解释，不同的界定标准也会使得对罗马建城年代的认识不同。假如将“建城”视为一个关键的历史节点，那么它对应的其实是社会组织和制度的深层次变革，而整体规划的实施，显然代表着广泛空间内的唯一权力中心。但是，就作为建筑群体组合的“城市”而言，罗马所在地自史前以来就有人类连续居住，并非全新修建的城市，因此旧的聚落并不能够即时被完全取代。也就是说，罗马城的建成应当是“二元结构性”的：权力空间和公共空间的短时性革新，私人空间的渐进式发展。

罗马建城

回顾完相关的建城理论以后，再回过头来看相关的考古材料。公元前8世纪后半期，罗马的聚落扩张到了200公顷以上。帕拉蒂诺山上出现第一道墙。公元前7世纪中期，后来的罗马广场神圣大道和图密善骑马雕塑一带形成了粗糙的踩踏面，这就是最早的广场露天区。

公元前7世纪后半期，这片山谷中修建了大型的下水道系统，原先的沼泽被排干，填充土石并铺设地板，周围逐渐集中了维斯塔神庙、议会等建筑。与此同时，帕拉蒂诺山东北部的城墙被毁。但这并不是一次单纯的摧毁活动，其间可以观察到一些耐人寻味的现象，城墙的某些部位在倾塌后迅即葬入了一些看起来身份并不太高的死者，很可能他们并不是被正常地安葬，而是作为城墙废弃仪式中的人牲祭献于此。随后，在旧墙之上修建了新墙。存在上述迹象，城墙的功能也便值得玩味。因为旧城墙捣毁后，新城墙修建前，显然举行了某种仪式，那么也意味着，城墙除了防御或隔绝内外的功能以外，也具备与精神层面联结的功能，只有举行仪式后，城墙的摧毁行为才表示完成，或者说，才具备了新建城墙的条件。

在这些延续了一个世纪的建筑活动中，以罗马广场为中心的政治一宗教建筑群、以坎匹多伊奥山为中心的宗教建筑群、以帕拉蒂诺山为中心的政治建筑群、帕拉蒂诺山西南山谷的公共活动建筑群、台伯河东岸的商业建筑群，在较为广阔的区域内结合地形对空间进行了功能的整合和划分。具有政治、宗教和象征意义的区域均是“近尊”，毗邻当时权力中心者的活动区域。在空间位置上，城市的中心等同于权力的中心。建筑技术也发生了全面性的变革。自公元前7世纪中期开始，土木结构的棚屋逐渐被木梁、陶瓦的砖石房屋取代。建筑类型和技术的转变很可能受到腓尼基和希腊的影响。

这个过程中，城市中心区成型，公共基础设施逐步完善，在一定空间内出现了整体规划的迹象，表明存在着对这个空间具有主导权的统治阶层，以及认同这种权力的共同体。这意味着真正的罗马城形成了。

这以后，罗马的面积继续扩大。一座座桥梁在台伯河上飞架而起，连接着两岸的交通。台伯河拐弯处的东岸成为停泊商船的码头。公元前6世纪中期以后，帕拉蒂诺山修建了第三道墙。也正是在这个世纪，据说由塞尔维乌斯·图里乌斯将罗马各个山丘原有的防御设施连接起来，形成了最早的塞维鲁城墙。

公元前509年，共和国诞生。与新的政治体制相适应，城市的核心区进行了功能性的调整。在罗马广场，王政时代的政治中心区几乎完全重建，原先的王宫建筑群被改造成包括维斯塔神庙、家神与宅神神庙、玛尔斯与俄普斯圣所在内的公共祭祀中心。帕拉蒂诺山则逐渐成为贵族云集的豪宅区。

随着罗马的逐渐强大，罗马城成为地中海最具吸引力的城市。各种资源都向此聚集。由于资金充裕，环境安定，又需要有与强大的罗马适配的大型公共建筑，一时间土木大兴。经历了希腊化时代以后，能雇请希腊的知名建筑师和艺术家进行设计和创作，意味着财力的雄厚，希腊的艺术家和艺术品也陆续云集于此，极大地提升了罗马城内建筑和雕塑等视觉艺术的审美品位。罗马城也逐渐取代雅典成为地中海世界的文化中心。

由于大批人口涌入，城市规划的另一个重点则是居住区和配套基础设施的增加。贵族们住在占地广阔、结构复杂的独立宅邸或别墅中，平民则住在多层公寓内。当时的公寓一般是四到五层。至今在罗马凯旋宫到卡匹托利尼博物馆的路上还能看到一栋多层公寓的遗址。受限于当时的技术，公寓尤其高层的厨卫设施难以保障，很多配套的基础设施如浴场、公厕和餐馆等也应运而增。人口和财富增长以后，各种日常和非日常需求都激增，罗马就像一块巨大的磁铁般吸取着周边的资源，但即便如此，亚平宁半岛也不足以供养这个庞大的都市了，更多的小麦、葡萄酒、橄榄油等日常物资和其他各种商品、奢侈品从地中海各地源源不绝地运来。水渠、港口、仓库等相关基础设施也成为城市发展的重点。

蜂拥而入的中下层平民根据当时的惯例需要寻求政治庇护，相应地，贵族们则需要吸纳更多的依附者来积累政治资源。大型公共建筑成为展示自身威望和吸引追随者的手段之一。都城的建筑活动成为无硝烟的战场。神庙、柱廊、园林等凡是能向公众展示和开放的建筑是争夺的重点。谁建了更多的公共建筑，意味着谁更为公共福祉考虑；谁出资的建筑更宏伟华丽，意味着谁的实力更强。建筑的冠名也因而显得格外重要，路人很容易就从铭文中得知这是由哪家贵族出资修建的。沉默的建筑是贵族们在都城中有形的“广告”，不论风霜雨雪、晨曦暮阳，都是城市这一角的固定景观，也是贵族们烙下的印记。自己的宅邸自然也是“炫富”的一种手段，尤其是在接见厅、餐厅等对外展示的公共区域，必定是极尽雕琢之能事的。墓葬则成为另一种手段。有实力的显贵家族，将墓葬修建得显眼无比，立于城门之外的要道边上，建筑以及墓志铭默不作声地告诉来往行人，这个家族曾享有着怎样的荣光，并且一切还将延续。

不过在对待非公共性质的实用建筑方面，贵族们的态度却有微妙的不同。从地中海各地涌入都城的人们，根据当时的惯例，需要依附于某个贵族家族生存。根据依附者的身份和所能带来的预期利益不同，贵族们的态度迥然有别。身份较高以及拥有一定资源的依附者，从贵族庇护主那里获得的也更多，双方之间的关系也更稳定，他们可以住在庇护主们提供的较高档的房屋中，租金也可以年度结算。而身份较低的那些依附者，并不能为庇护主带来太多的利益，可能只是日日来拜会却毫不起眼的扈从中的一个，回报也低微，租住的房屋地段、条件都不那么好。多层公寓是贵族们招徕大量低等依附者的手段，建得并不经心，常常存在坍塌或火灾的风险。

台伯河畔、七丘之间，将近千年的生生不息，旧有的、新建的，宏伟的、寻常的，共和国晚期的罗马城在这些因为各种原因兴起的营建活动间，渐渐成型。所有的人都通过物化的方式在这个城市里留下自己生活过的痕迹，但他们都有一个共识，建筑可以兴废，物主可以更迭，但地形和格局却不可轻易变动。今天，如果乘着火车随着欧洲大陆地形的曲线在丘壑平原间起伏，会注意到路边的建筑总是依地形而建，在内部可能通过各种手段消弭高差，外观却始终呈现与地势的一致性，甚少有填山造海的举动，一些改造地形的活动也会以各种方式标记出原有的地形。这是对旧物的深情，对自然和历史的遵从，这种观念在罗马城发展到了极致，这座永恒之城因此也成为地中海历史的纪念地。

虽则整体上城市发展思路是尊重旧有的格局和功能，但也不乏一些观念不同且又有权力将之付诸实践的革新者，他们企图在城市里留下更多个人印记。恺撒便是其中最典型的一位。时至共和国晚期，众权贵们尽管在罗马城的建筑活动中各显神通，但总体来说是平分秋色，这仍是“罗马元老院与人民”的罗马。恺撒成为独裁者后，希望将“一家独大”的政治影响力也体现在固化的城市实体中。尤其是数个世纪以来皆作为政治核心的罗马广场，也成为政治制度最直接的视觉体现，他在此进行大手笔的建筑革新，招致不少非议。

恺撒拆除了罗马广场上的议会，新建了以自己家族冠名的朱利奥元老院、朱利奥会堂，又以旧广场空间紧张为由，在其北边修建了新的广场，同样也以家族之姓命名为“朱利奥广场”。这在当时来说是惊世骇俗之举。数百年来，罗马广场名义上是罗马全体市民共有的政治中心，实际上是贵族们权力角逐的暗潮涌动之地，但从未有人在此一家独大，更遑论另外新建一个完全属于一家势力的广场。这样的行为想必也是恺撒最后被暗杀的因由之一。他赤裸裸地将集权野心通过建筑活动暴露于世人之前。这也说明，在罗马城，尤其是核心区域，所有的建筑活动都不单纯，而是与政治挂钩的“宣传”。这也是为何到了帝国时期，根据一些资料的显示，建筑业为众行业之首，吸引了最多人跻身此列，不亚于今天的金融业和IT行业。

比起恺撒来，奥古斯都更精于权术和人心的谋算。他也在广场上落成以朱利奥家族命名的演讲台，并为恺撒立了神庙，用凯旋门遮挡了王政时代的王宫和维斯塔神庙。这样做的结果是当人们在广场露天区内聚集的时候，触目所及的建筑都与朱利奥家族有关，那些王政时代的、共和国时代的建筑和纪念物都被遮蔽在直接的视线之外，这里成为帝国权威最直接的展示场所。他也追随恺撒修建了新的个人广场。奥古斯都与恺撒所做的事情虽然一致，但做事的方式不一样，导致了不同的后果。虽然在政策上逐渐弱化了宪政机构的权力，但在表面上，奥古斯都却一再强调对共和制的维护。在公开场合，他十分排斥“主人”（dominus）这个称呼。苏维托尼乌斯在《罗马十二帝王传》中记载，某次奥古斯都观看一场戏剧表演，当演员念出“公正仁慈的主人啊”这样的台词，观众们都雀跃鼓掌，以此表达对奥古斯都的恭维，但他却立即用手势制止了这一行为，并且在第二天的诏令中严厉斥责此事。甚至在这以后，他也不让自己的儿孙辈称他“主人”。——这在当时的罗马社会中其实是非常普遍的行为，一个家庭中，男性尊长拥有无上的权力和尊严。

以这样的谨小慎微，奥古斯都赢得了人心，纵然有几次谋杀他的阴谋，都未能得逞，他以极高的威望统治了44年。元老院和人民一致尊称他为“国父”。正如奥古斯都在元首制之外披上的共和外衣，他的政治宣传政策也带有巧妙的蒙蔽性。奥古斯都广场一端矗立的战神神庙是整个建筑群的视觉焦点，也是对其赫赫战功的显扬，但柱廊内却陈列了自建城以来传说和史实中的重要政治人物和英雄雕塑，以此显示他对传统的维护和延续。

在奥古斯都这样极具迷惑性的政策里，罗马城也悄无声息地发生了前所未有的变化。人们发现，那砖做的城市渐渐变成了大理石的城市。来自地中海各地的商船不仅运来了衣食所需，也运来了不同产地的石材。阳光之下，城市变得熠熠发光，尤其是在广场一带。奥古斯都将大理石都用在

彩图 13　台伯河上的圣天使桥

彩图14　帕拉蒂诺山奥古斯塔纳宫的花园，也兼作驯马场之用。

彩图 15　坎诺帕斯的宴会厅

彩图 16　坎诺帕斯水池边的雕塑

彩图17　那不勒斯湾的维苏威火山下，今天仍然是人口聚集的居住区。

彩图 18　庞贝城的广场遗址一角

彩图 19　庞贝城“野猪之家”出土的马赛克鸭子图，现藏于那不勒斯国家考古博物馆。

彩图 20　奥斯蒂亚城的道路两侧，昔日曾有川流不息的行人、店主及顾客。

彩图21　奥斯蒂亚城某个店铺内储存的陶罐，一般认为可能是装橄榄油或葡萄酒的容器。

彩图 22　爱琴海上的船

了最显眼的公共建筑上，自己却住在帕拉蒂诺山上简朴的府邸中，这也是他赢得好名声的秘诀之一。不过，有心人会发现，贵族们渐渐从帕拉蒂诺山搬离。尽管奥维德在《爱经》中将帕拉蒂诺山奥古斯都府邸旁的阿波罗神庙列为恋爱圣地之一，建议恋人们可沿着山路缓缓散步至此，但这片青铜时代以来的聚落自奥古斯都时期起，渐渐地披上了尊贵的色彩，成为元首及其家族的专属居住区。这种“独占性”也表现在墓葬上。奥古斯都在台伯河畔为家族修建了圆形陵墓，此后这种样式几乎无人敢复制，贵族们再修建墓葬时，也渐渐地从主干道移向了次要的干道，共和国时通过建筑来“炫富”的行为更是再不得见了。

最明显的变化大概是城市的中心出现了一些与元首崇拜相关的建筑元素。公元前 44 年，恺撒被贵族们密谋暗杀，引发了平民的哀悼与愤怒。凡是参与谋杀的凶手都受到了惩罚。他死的那一天被命名为“弑父日”，元老院永不得在此日集会，他也被正式法令列入众神行列，奥古斯都为他立了神庙，他的塑像头顶被加了一颗星星。自此也开启了元首死后封神立庙的传统。（图 15）

图 15　罗马广场的安东尼诺皇帝夫妇神庙（罗翀摄）

都城界线

古代城市与现代城市最大的不同是前者一般有明确可见的界线，或者更确切地说，由防御设施构成的界线。而罗马城的界线包括无形的和有形的两种。

无形的界线是所谓的“神圣边界”。这道边界最早形成于何时并不得而知。但罗慕路斯建城传说成型时，就有这道界线的存在了。公元1世纪普鲁塔克的《希腊罗马名人传》中在写到罗慕路斯的传记时，详细记录了建城的过程。他从图斯卡尼（也就是埃特鲁里亚）请来了一些精通礼仪的人，在他们的指导下，环绕着公众议事集会之处挖了一道壕沟，在里面放上所有植物的第一批果实，每个人将从家乡带来的一抔土撒在果实之上，这道壕沟便被称为“蒙杜斯”（mundus），与对苍天的称呼一样。接着，他们以这道壕沟为中心画了一个圈，标画出了城市。随后，罗慕路斯将一头公牛和一头母牛套上黄铜犁铧，赶着牛绕着城市的界线犁出了垄沟，在打算开城门的地方，则将犁提起来抬过去，留下一片空地。跟在后面的人则将犁起的土块翻到城内一边，不让任何土块堆在城外。这条界线“pomerium”也就是神圣边界，是城墙背后或城墙附近的意思。因此整座城墙都是神圣的，唯独城门除外。

罗慕路斯是一位神话或半神话的人物，建城时是否行使了这套仪式自然也存疑。不过在后来，这道边界却被人们相信是真实的存在，用界石标记出它的走向。据载，苏拉基于“只要减少威胁罗马人民土地的敌人即可扩展边界”的原则，依仗自己的战功扩展了神圣边界的范围。学者们根据种种资料推测出了共和国末期这道边界的大致走向，它将坎匹多伊奥山、帕拉蒂诺山、切利奥山、欧匹奥山、埃斯奎利诺山、维米那勒山和奎里纳勒山都包括在内，与塞维鲁城墙的走向几乎一致，紧贴在城墙之外，差别仅在于边界将埃文蒂诺山排除在外，并在经过欧匹奥山时向东还扩展了一小段。帝国时期的边界走向就更为明晰了，根据文献的记载，奥古斯都、克劳狄奥、维斯帕皇帝都扩展过边界，后两位皇帝的工程都被考古发现证实。克劳狄奥时期将边界向北扩展到把平齐奥山也囊括在内，向西北沿着河扩展了一小段，向西南则将埃文蒂诺山及其南部的平原都尽含其中。维斯帕时期则又将边界朝西北、东两个方向扩展，东边的一段可能到了台伯河西岸。图拉真、哈德良皇帝则进行过部分界石的替换或修复。这些与边界有关的活动中，只有奥古斯都的活动是没有实物佐证的。文献的记载也颇令人疑虑，塔西佗、卡西乌斯·狄奥以及《罗马君王传》都记载奥古斯都扩展过神圣边界，但《奥古斯都神圣行状》《维斯帕谕令权法》和苏维托尼乌斯的《罗马十二帝王传》等文献却未曾提及此事。尤为奇怪的是，这些文献多是他人记载的间接文献，唯有《奥古斯都神圣行状》和《维斯帕谕令权法》，前者是奥古斯都死前钦定的自传性质的功绩录，后者是维斯帕在位期间的谕令汇集，这里面都未提及奥古斯都和边界的事情。按理说，扩展神圣边界对罗马来说是非常重大的事件，对元首来说则是莫大的功勋象征，尤其在《奥古斯都神圣行状》中不可能不提。怀着这层疑虑，杜克大学的博特赖特对相关文献进行了细致的梳理，分析了涉及的一系列事件之后，认为奥古斯都的扩展神圣边界之举应当是克劳狄奥时期的有意虚构。

神圣边界不像城墙般是实体的存在，只是一道用界石勾勒出来的观念中的“界线”。人们相信这道看不见的界线具有某种神秘的功能，在它之内是经过落成仪式（inauguration）的空间。这种仪式的要义在于一经完成，便被认为与神之间就某个空间达成了契约，人使此空间洁净，神致此空间安宁。文献声称，生活在罗马城内的人们需共同遵守一些公认的与边界有关的禁忌。第一个禁忌是，边界之内禁止武装军队进入，因此罗马城的正式兵力皆驻扎在边界之外，与公众仪式相关的非正式兵力和军事设施才在边界内。凯旋式游行则是一个例外，大概因为这种仪式并非单纯是军队胜利的荣归仪式，也具有一定的宗教含义，举行仪式的条件又极为严苛。由于对军事的禁忌，战神神庙也很少出现在边界内，直到奥古斯都广场上复仇者战神神庙建造后，才打破了这个禁忌。在边界内确实很少发现帝国以前的战神玛尔斯相关遗迹。第二个禁忌是，为了保持空间的洁净，神圣边

图 16　罗马广场的维斯塔中庭

界之内禁止埋葬死者。这个禁忌也有例外情况，即不洁的贞女。因为供奉维斯塔的她们生活在罗马广场上的维斯塔中庭里（图 16），这片区域被认为是排除在落成仪式之外的，当贞女失贞后，便被活埋在此。还有就是图拉真夫妇也葬在了图拉真广场上的纪功柱内，这也是例外。

当然，禁忌并非绝对，很可能只是一些传统卫护者的愿望，从神圣边界的设计意图来看，这条界线主要希望起到隔绝军事权力与民事权力、生与死的作用。

但是神圣边界形成以后，是否所有人所有时代都严格遵守禁忌，包括大家对禁忌的认知是否一致，都是现实世界中的情形远比文字更为复杂。根据文献的记载，帝国时期似乎只有提比略在公元前 7 年、德鲁苏斯在公元 17 年、维斯帕和提多在公元 71 年三次恢复了边界的宗教和政治功能，在欢迎式和凯旋式中，进城之前都进行了鸟占。但“恢复”也就意味着这之前的“无存”。因此，例外固然可以解读成例外，也很有可能是“礼崩乐坏”时期的常态。

比之神圣边界的无形，城墙则是实实在在约束往来行人的实体存在。公元前6世纪，塞尔维乌斯·图里乌斯将各个山丘旧有之防御设施连接起来。“塞维鲁城墙”一名即是从“塞尔维乌斯”的名字派生而来。今天罗马市共和国广场的戴克里先浴场附近所残留的一段凝灰岩城墙，根据推测就属于这个时期。更为知名的一次维修和扩建发生在公元前4世纪，最终形成的城墙几乎沿用了7个世纪，直到3世纪之前都是罗马唯一的城墙。这圈城墙大约长11千米，形状极不规则，这是大多数罗马城市的城墙常态。多数的罗马城市都是由早期的聚落自然扩散发展而来，如流泻于高低起伏的地形间的水流，并无规整的方向，而城墙都是城市形成之后修建的，紧紧包围既有的居住空间是最为经济便捷的方案，这可能就是其城墙不如平原上新建城市规整的原因。到了帝国时期，城市发展早已漫出了城墙，塞维鲁城墙失去了原有的防御意义，而只是一道历史的遗迹和城市分区的界线。奥古斯都将罗马城划分为14个行政区，区与区之间就常以城墙为界线。

冷兵器时代，除却天险之外，城墙是一座城市最为有利的防御设施。而到了帝国时期，罗马在亚平宁半岛上几无敌手，不必担心来自岛内的威胁。楔入地中海的亚平宁半岛，三面临海，又有亚平宁山脉作为屏障，构成了天然的防御条件，在强盛的帝国早期，罗马城以无比的自信成为一座敞开的城市。直到3世纪后半期，帝国的控制力下降，都城遭受了严重的外部威胁。271年，奥勒良皇帝下令在城市的边缘新建一道城墙。由于时间紧迫，又要考虑地形、战略和经济因素，为了工程快速地进行，而且将都城既有的所有重要建筑都包括在内，城墙并入了一部分旧有的建筑，甚至直接利用了某些建筑的外墙。这道新城墙直到奥勒良死时才大体完成，最后由普洛伯竣工，全长约18.8千米，厚约3.5米，高约8米，采用了混凝土结构，并用砖砌面，十分坚固。城墙内侧设有哨兵通道。每一百步（29.6米）设一座正方形塔楼，上设弩炮室。为了方便守城的卫士，还很人性化地设有公共厕所。

帝国时期的罗马城有三重界线。第一重界线（神圣边界）造成神圣与世俗、民事权力与军事权力的区别。第二重界线（塞维鲁城墙）在帝国时期是不同行政区间的区别，也是传统空间与新增长空间的区别，塞维鲁城墙以内各种功能的区域配置最为完整，大部分土地为皇帝家族所占用，但公共生活区和商业区的存在，使得中下阶层也能在此频繁地活动。塞维鲁城墙之外较少政治建筑，尤其缺乏高等级的政治建筑。第三重界线在3世纪才形成，奥勒良城墙是整座城市真正的防御边界，是城内与城外，即受军事保护和不受军事保护的区别。

空间结构

作为帝国之都的罗马，却是最不典型的罗马城市，与帝国境内大多数城市的布局模式不太相同。它的空间结构为垂直分布的同心圆与扇形、射线混合模式。地形与河流是两个重要的影响因素。

罗马城内部主要依据地形和社会阶层对功能空间进行配置。高地和低地是两个不同的世界。高地的空间结构以政治中枢也即皇帝的居住区、宗教中心区为核心，外圈是贵族居住区，常被进攻的一翼是军营区。各个山丘的高地是属于皇帝和贵族的世界，皇帝逐渐将其他贵族挤压到塞维鲁城墙和神圣边界之外，他们居住在群山之上，如同神话里住在奥林匹斯山上的众神，俯瞰众生。分布在东北边缘高地的军营居高临下地拱卫着都城。众山之下的低地则是平民的世俗生活区，广场区、商业区、公共生活区、码头、平民居住区、纪念建筑镶嵌在山间。低地的空间结构则以政治中枢为核心，外圈是公共生活区，再外圈是平民居住区。交通枢纽沿河分布，商业区从河岸呈扇形直揳入核心区，卫星城也是在河流入海口。在城市边缘沿道路放射状分布着墓葬区。皇帝贵族们也会从山上驾临山下参与到红尘烟火间，平民们可能也偶然到山上去，但这都是短时性的行为，平贵之间以山下山上的区别严明着身份阶层的差异。唯一打破界限的是宗教场所，除了卡匹托利尼三主神神庙等国家祭祀中心也位于山上之外，其余各种神庙如星子散落在各处。

晚期共和国和帝国时期的文献将罗马附近的山丘都归为城郊，如安兹奥和弗勒杰涅之间的拉齐奥沿海地带，包括图斯克罗、费德涅、蒂沃利，还有维勒特里，甚至安兹奥。帝国时代罗马郊区的耕地被大量建筑群侵占。郊区的宅邸规模较城内大，其中一些被扩建成别墅，面积常常有1至2公顷。

蒂沃利有哈德良别墅。东南郊区还保存着大型建筑物遗迹，如拉丁纳大道和图斯库拉纳大道之间的塞提·巴斯别墅，稍北面的拉丁纳大道上有维尼亚切别墅、圣斯蒂凡诺别墅。阿庇亚大道则分布着元老埃罗德·阿提可的齐斯皮乌斯庄（后来并入马森齐奥皇帝的住宅）、昆提利别墅。百室丘台地的别墅，位于今卡斯利纳大道旧机场，2世纪时达到最大规模，增建了大型公众浴场和占地约1公顷的花园。普勒涅斯提纳大道保存有高迪亚诺皇帝家族的别墅遗迹。城郊的道路两旁还分布着大量墓葬。

奎里纳勒山在塞维鲁城墙外的部分散布着墓葬，其中一些是共和国时期的（如森普罗尼墓），但大部分属于帝国初期，例如在盐路大道和诺曼图姆大道之间的墓葬。阿庇亚大道沿路也分布各个时代的墓葬，如席匹奥涅墓以及塞尔维利、麦特利、卡拉蒂诺墓等，大多在帝国时代仍沿用。

都城中心节点

政治中心、商业中心和交通中心是都城的几个中心节点，如同旋涡一般吸引着城内的人口和各种资源。帕拉蒂诺山—广场谷，既是政治中心，也有公共活动、商业的功能。坎匹多伊奥山主要是宗教中心。战神原（Campo Marzio）南部为公共活动中心。埃文蒂诺山南部平原—维拉布洛一带为交通枢纽及商业中心。罗马城外，东南郊的克劳狄奥港—图拉真港—奥斯蒂亚港是交通枢纽。

罗马帝国的行政制度呈现“双元政治”的特色，即君主制与形式上的共和制度共存。但随着历史的发展，宪政机构日益萎缩，而君主制的王政特征越来越明显。因而，都城内政治性质的节点呈现出层级的特征。以皇帝为主导进行政治活动的区域是罗马城的核心政治中枢，包括地域上相连

图 17 牛广场一角。这座圆形神庙的年代可追溯至公元 2 世纪，有人认为它是胜利者赫拉克勒斯神庙，也有人认为它是维斯塔神庙。

的罗马广场—帝国广场建筑群和帕拉蒂诺山宫殿群。次级政治中心即宪政机构驻地和皇帝官员官署。部分政治活动也在神庙开展。

商业是罗马城重要的支柱产业之一。罗马城内有数个商业区，分别是埃文蒂诺山南部的市场码头—仓库区，维拉布洛的牛广场—油广场区（图 17），广场谷的图拉真市场—神圣大道，埃斯奎利诺山的莉维亚市场，切利奥山的大市场，战神原北边的猪市、牛市等，地段、建筑类型以及消费层次都不相同。

宗教中心区位于坎匹多伊奥山，罗马城最重要的神庙尤其是国家祭祀的神庙几乎都集中在这里，包括至高无上的朱庇特神庙、朱诺神庙、俄普斯神庙（Tempio di Ops）、菲得斯神庙（Aedes Fidei）等。这些神庙多始建于王政时代，历经数次修复和重建，延续至帝国时期仍在使用。希腊—罗马神系祭祀场所呈组团式的分布特征，多在塞维鲁城墙内，除了坎匹多伊奥山外，广场谷、埃文蒂诺山和奎里纳勒山也是集中分布的区域。部分希腊—罗马神系的神庙兼具世俗功能。外来神系的神庙则只有纯宗教的功能，散点式分布于城内各处，尤以密特拉祭祀场所最为普遍。

罗马城西北角的战神原南部是市民的公共生活区，遍布公共娱乐和生活设施。共和国时期即在此修建了剧场、浴场、赛车场等公共建筑。奥古斯都时期，又新建了马塞留剧场、巴勒伯剧场、斯塔提利奥·塔乌罗斗兽场、阿格里帕浴场等。公元80年的大火灾对这里破坏严重，图密善修复或重建了几乎所有建筑，还新建了体育场、音乐厅。

此外，城内还有一些散布的公共娱乐场所：帕拉蒂诺山南部的大马戏场、山东北部的斗兽场、城东的瓦里乌斯马戏场、城南的麦克森提乌斯马戏场、城西的盖伊奥与尼禄马戏场。

军事屯戍区均在神圣边界以外的台伯河东岸，东北角驻扎禁军（禁军营），东南角驻扎骑兵（骑兵精锐营和新骑兵精锐营）和密探（异族军营），西北角驻扎步兵（城市军营）。而边界之内主要是非正式兵力（竞技和海战表演）和消防队，器械库、竞技营和特遣舰队营等表演性质的军事设施，集中在东部的埃斯奎利诺山。台伯河西岸主要驻扎海军（拉文纳海军军营）。

王政时代在维拉布洛修建的台伯河码头是传统的水陆交通枢纽。公元前3世纪，罗马东南郊的奥斯蒂亚港成为海运转河运的中转站。公元前2世纪，在更南端也是更接近台伯河口的埃文蒂诺山南部平原修建了市场码头。公元1世纪，克劳狄奥、尼禄在台伯河口建造了克劳狄奥港，约在奥斯蒂亚以北4千米，以人工运河与台伯河相连。公元100年至112年，图拉真又在克劳狄奥港东侧修建图拉真港，与运河连接。奥斯蒂亚港、克劳狄奥港—图拉真港、市场码头共同组成了罗马城的三大交通枢纽。

居住区

帕拉蒂诺山在帝国时期几乎成为元首家族专属的居住区。今天漫步在山上，仍可看到这些宫殿的断壁颓垣。奥古斯都、提比略、尼禄先后在此居住，但他们的府邸并不像其他东方帝国的宫殿般都集中在一处，而是各自有府邸。从图密善修建奥古斯塔纳宫（彩图 14）以后，奥古斯塔纳宫才成为元首们世居的宫殿。当然，他们的居所也并不只有这一处，其他居所以别墅的形式遍布城内外。下一章将要提到的哈德良别墅即是其中最著名的一处离宫，在某段特定时间内甚至作为哈德良皇帝正式的办公场所。

七丘之中，帕拉蒂诺以外的诸山在帝国时大部分被皇帝家族或贵族的宅邸和别墅占据。但由于很早便有人类居住的缘故，这些山上遗留的早期建筑也不少，于是新旧建筑区盘根错节、相邻相生。总体来说，平民有一个逐渐被挤压到台伯河西岸的趋势。尼禄大概深恨这种极不规整的布局，在他设想中，“新罗马”应当是一个非常整洁划一的城市，因此才有传言说公元 64 年的大火灾是尼禄为实现其设想所策划的灾难。尼禄的新罗马最终自是没有如愿建成。罗马之所以是罗马，正在于它极强的延续力和生命力，不管岁月与人事如何变迁，罗马城内总有一些不曾改变的部分。

切利奥山在罗马城内东南部，大致即今罗马市第 19 区的范围。这个区现在也叫“切利奥区”，由于王政时代大部分都在神圣边界外，因此分布着大量外来神祇的圣殿。共和国时期卡厄利蒙塔纳大道沿路原为墓地，从共和国晚期开始成为包括贵族宅邸在内的居住区。帝国时期，西坡遍布平民的多层公寓，大量贵族宅邸则先后被尼禄和康茂德没收，如安尼伊、图密基娅·路其拉和昆提利伊的房产被并入康茂德的维克提利阿纳宅邸，山顶几乎成为皇帝家族专门的居住区，分布着小图密基娅·路其拉别墅、维克提利阿纳宅邸、塞索尔里姆宫等。

俄斯奎里诺山在罗马东北，早期可能作为帕拉蒂诺城的郊区。公元前 6 世纪半成为罗马城四区之一。该山西部的居民社会阶层混杂，普通居民聚居在山坡和山谷，其中苏布拉区是著名的平民区，维利奥山和卡里纳俄峰之间的区域则是共和国末期到帝国初期的贵族聚居区。该山东部在共和国时期主要是墓地，后来也逐渐变成贵族的别墅和花园区，与奎里纳勒山西部和平齐奥山共同构成园林区，被称为“花园山”。朱利奥—克劳狄奥时期，整个园林区都收归皇帝所有，遍布皇家别墅。山上神庙较少，部分年代较早的神庙具有平民化的特性。西坡有王政时期的狄安娜神庙和处女幸运女神神庙。卡里纳俄峰上是大地女神特露丝神庙。齐斯皮奥峰有生育女神朱诺神殿、泉神神庙和医疗者密涅瓦神庙，此外还有卡勒斯提斯、贝罗娜、伊西斯和塞拉匹德等外来神祇的神庙以及一些密特拉神殿。该区的公共纪念物也较少，大部分是实用建筑，如圣克莱蒙特教堂附近的帝国铸币所、莉维亚市场、提多浴场、图拉真浴场，阿尔吉勒托区附近的书店、纸仓库等，以及大量小浴室和水神殿。

奎里纳勒山在罗马城内的西北部，也就是今天意大利总统府奎里纳勒宫一带。王政时代是罗马城四区中的科里纳区。山上的建筑多为住宅，东部较为平民化，最北边邻接平齐奥山的区域被维斯帕皇帝的宅邸和撒路斯提奥庄园（提比略时期归皇帝所有）等贵族别墅占据。该山有大量重要的宗教建筑，如农神桑库斯·誓言女神神殿、老三主神神庙和奎里诺神庙、百花女神神庙、健康女神神庙和平民贞节女神、幸运女神、希望女神、费布里斯等神殿，科里纳门外有埃热克斯山维纳斯神庙和赫拉克勒斯神庙。帝国时期图密善修建了弗拉维家族神殿，卡拉卡拉在西坡修建了塞拉匹德神庙，还出现了东方祭祀，如巴贝利尼宫的密特拉神殿。

维米那勒山紧邻奎里纳勒山东南，在共和国时期以居住区为主，帕尼斯佩尔纳大道、巴勒伯大道和古帕特里奇乌斯巷沿路分布大量公元前 2 世纪—前 1 世纪的贵族宅邸，宗教和公共纪念建筑很少。帝国时期修建了禁军营、消防队第三支队军营、阿格里庇娜浴场、古帕特里奇乌斯巷的浴场、涅尼娅神殿和普兰齐阿纳的狄安娜神殿等建筑。

平齐奥山与战神原北部由于早期地处城外，直到共和国末期都没有太重要的建筑，弗拉米尼奥大道和旧盐路大道沿路分布大量墓葬，如比布罗墓等，共和国末期开始遍布贵族别墅。奥古斯都时对该区进行整顿，修建了阿格里帕原、维帕萨尼亚围廊、阿格里帕别墅、消防队第一支队前哨所和猪肉市场等。拉塔大道沿路在 2 世纪被改造成居住区，考古发现了部分多层建筑的遗迹。3 世纪，高迪亚诺三世在奎里纳勒山下修建了围廊，奥勒良从 273 年起修建了太阳神庙。这一片区域在现代反而是最繁华的，也就是人民广场一带。

埃文蒂诺山在罗马城内西南部，也就是地铁站“金字塔”（Piramide）一带。这里最早有人类居住的时间不明，由于其临近码头，常有外国商人进入。虽然公元前6世纪时这座山被包括在塞维鲁城墙内，但直到克劳狄奥时代才并入神圣边界内。公元前5世纪到公元前2世纪成为平民居住区，居民主要是外国人，山脚下是平民营造官官署以及平民政治组织和经济中心，山顶上是行业协会中心。帝国时期，此地逐渐成为贵族聚居区，社会中下层迁移到南部平原、市场码头附近和右岸的河对岸区。由于人口密集，该山上有多个大型公共浴场设施，如卡拉卡拉浴场、苏拉浴场和德齐奥浴场。这里既有天后朱诺神庙、密涅瓦神庙、狄安娜神庙，谷神、丰收神与植物女神神庙等希腊—罗马宗教建筑，还有大量外来宗教的神庙，包括威尔图努斯（Vertumnus）神庙、月亮神殿、公正与自由朱庇特（luppiter Liber e Libertas）神殿、多利克的朱庇特（Giove Dolicheno）神殿、圣普利斯卡教堂的密特拉神殿、阿森诺多利娅的伊西斯神庙和丰收女神波娜神庙等祭祀场所。这里应该很早就居住有基督教徒。

河对岸区包括台伯岛和台伯河西岸，直到奥勒良时期仍完全在神圣边界外。王政时代，该区中部的吉安尼克罗山被作为城市的防御屏障。这里有一些神殿，包括迪亚岛（纳克索斯岛）女神神殿、机遇幸运女神（Fors Fortuna）神殿，但更多地被用作耕地和墓地。共和国末期开始出现实用建筑和住宅，特别是与码头和仓库等经济活动相关的工人和小商人的住宅。帝国时期，这里居住着陶瓷工、皮革制造工、象牙制造工、细木工、磨坊工、仓库搬运工、砖瓦工等。这种平民特性也为祭祀所证实，除了前述神殿仍沿用外，还有死亡和恐怖女神弗利娜、泉神丰斯等神祇的祭所，更普遍的是东方神祇，如河对岸区的叙利亚女神、哈达德、太阳神庙，梵蒂冈的翠贝拉和伊西斯神庙，吉安尼克罗山的古叙利亚神神殿。共和国末期起叙利亚人和犹太人就在此聚居，波尔特瑟门附近有罗马最古老的犹太人墓地，可能还存在过犹太教堂。河对岸区的低地被穷人的茅房占据，而台伯河岸、山坡和山顶则是贵族们在城外的别墅和花园。台伯河、波尔图恩瑟和绿山之间是属于全体公民的恺撒公园。梵蒂冈有两座大型庄园：阿格里庇娜庄园，后来卡利古拉在此修建了马戏场；图密兹娅庄园，在哈德良陵墓附近。

通道和流动

罗马城的道路网结构呈放射—方格—自由混合式，形成以广场谷为中心向各个方向放射的主干道。就目前的考古发现而言，道路网密度为多中心集中型，以广场谷、帕拉蒂诺山、战神原南部的路网最发达。但从《地区志》中记录的街道公会数量来看，则是河对岸区最多，广场谷和战神原次之。水运交通则包括内河航运和海运，前者以台伯河为航道，后者则从第勒尼安海至整个地中海。

供水通道主要包括水源、地下暗渠、高架引水渠、蓄水池和铅管等设施。罗马城对水资源有系统的调控和管理，根据水源水质的不同划分为饮用水、洗浴（浴场）用水、灌溉和手工业用水等几个级别的需求，并根据地域原则指配不同的水渠向不同的区域供水。城东部的水渠密度最高，城北、城南和城西都各只有一条。取水方式有明显的等级差异，皇帝和贵族通过私接的铅管直接引水到家中，而普通公众则到公共喷泉或指定的蓄水池取水。

商品流通具有两种通道：第一种是本地产品，从作坊制作完成后直接在当地销售；第二种是外地产品，通过水陆运输等方式到达仓库，再流向市场销售。罗马城内既有零售的店铺，也有集中销售和管理的市场。

政治区的流动因等级的不同而具有频率和方向的差异。被庇护人与庇护人、贵族与皇帝之间都是自下而上的单向规则流动。

交通枢纽与商业区之间的人口和物资流动模式属于规则的双向流动，主要是中下层人群。罗马城包括粮食、大理石在内的许多物资供应都依赖着与地中海各地的贸易。大卫和格里高利对罗马居民的 3 种主要食物需求量进行了估算，总人口的数目采取通常估计的 100 万人。根据他们的推算，每年仅小麦、油和葡萄酒 3 种商品就有 1692 船次到埠。最好的航运季节一年中可能只有 100 天左右（4—9 月），这期间每天都大约有 17 艘船到达海港，之后沿台伯河运到罗马城。可见交通枢纽季节性的繁忙程度与海运贸易的规模。

宗教中心区与国家祭祀相关，流动是规律性的。其他的宗教场所则是不同信仰、区域的规则流动，信徒依据各自信仰和居住区域的不同选择不同的宗教场所进行规律性的祭祀。

居民区与商业区之间既有持续性也有短时性的流动，取决于商业区销售的商品种类。日常物资的交易区与周围的居民区之间应该有规律性的流动关系，但非日常物资则可能是无序的流动。

公共生活区的人口应当都是无序的流动，多取决于个人爱好。

总而言之，人口和物资在罗马城内的流动方向和模式取决于地域、阶层、职业、信仰、需求、喜好等各种因素。政治中枢区、宗教中心区、交通枢纽区和商业区的集聚力最强，且都是规则流动，但集聚的对象存在差异，前两者集聚的主要是社会中上层，后两者主要是社会中下层，其余次级的政治、宗教、交通、商业节点也有程度不同、对象不同的集聚力。

永恒之城

1980 年，罗马历史中心区被列入世界文化遗产名录，理由是：自建城以来，它就与人类的历史紧密相连。它曾是统治地中海世界 5 个世纪之久的帝国的都城，后来又成为基督教世界的都城，直到今天仍然履行着这些重要的宗教和政治功能。

罗马老城区的街道并不干净，为了保留历史遗迹，到处都是方形石块拼砌成的路面。石缝间经常塞满了烟头。两旁的古建筑上仿佛覆盖着厚厚一层历史的灰烬，墙壁上层层叠叠着一路涂鸦：情话、政治口号、脏话和一些没有意义的句子。也许初见时，觉得这里既旧且乱，但细细行走、慢慢沉淀，却体味到别的城市没有的深邃幽远意味。罗马是世界上为数不多一旦定居后就再未更改过位置的城市。在漫长的岁月里，它的建筑和道路也发生着变迁，时光在这里却似乎过得特别慢，也对这里格外厚待。尽管也曾遭遇战火，也曾历经朝代更迭，收藏热和现代化都曾给这里带来过不可逆的伤害，但都不曾抹去历史留下的印记。时至今日，两千年前的建筑仍和两千年后的建筑比邻而居，一不小心便穿越了数个世纪，前可见古人，后可追来者，天地悠悠间，人类一路如何行来的足迹清晰可见。

6月2日是意大利的国庆日，惯例是在斗兽场和威尼斯广场之间的帝国广场大道（Via dei Fori Imperiali）进行国庆阅兵。说起这条街道，真是有意思得很。从罗马共和国以来，就存在凯旋式以及引进外来宗教神祇时的游行传统。当时罗马城最重要的游行路线就毗邻今天阅兵的这条道路，并与其平行，也就是罗马广场的“神圣大道”（Via Sacra）。这条大道的一头一尾修建了两座凯旋门，给予获得重大胜利的元首们无上的荣誉，至今门址犹存。墨索里尼执政时以罗马帝国荣耀的继承人自居，企图重新恢复凯旋式游行，因此大肆摧毁古迹、平整山头，从威尼斯宫直到斗兽场一线修建了这条“帝国广场大道”，作为游行的主要路线。今天的意大利，重要的游行基本都在这条道路上举行，如每年罗马建城日的历史文化游行、国庆阅兵游行。

重重叠叠的历史，四季穿行于此时仿若随时可以回到任何一个想念的时代。罗马春天来时，花开的颜色都极其炽烈，真是蓄意要用世界上最明艳的颜色挑逗你的眼睛和心灵，让你爱她们无法自拔至死方休。莉维亚宅邸壁画上的植物也曾如此鲜妍。各色的建筑和舒卷的云，闭上眼睛仿佛就听见缪斯弹着金竖琴在吟唱，仿佛看到宁芙戴着百合和鸢尾的花环，在山林里用湖水洗涤她黄金般的长发。

街头徜徉着一双双鸽子、音乐和恋人时，奥维德在爱神翼下的金箭里吟唱。黄金屋的穹顶里曾撒下光影、香水与诗，像地中海夏日晴空下渲染着翠雀蓝、罂粟红、雏菊白的花朵，衣裳与水彩，孩子们在七叶树下嬉闹追逐，那鸽子与女孩的雕塑也曾这样活泼。

秋天意味着进入雨季。地下深黄、浅黄、半黄半绿的悬铃木叶子铺了一层又一层，鸽子和灰背雀缩在阳台窄窄的一排外檐上，脑袋不停转来转去，看着雨，只是不肯飞出去。圆柏上昨夜挂的雨滴时不时跌落，清脆地响，天蓝得仿佛一碰就碎，阳光却纠缠着空气中未散的水汽，半迷蒙、半透明。路边庭院里的橘树结着满树果实，地上也永远散落着橘子。潘神和萨提尔吹着风笛，手捧的丰饶角堆满无花果、腊李、橄榄和覆盆子。欢乐的人群赤脚在葡萄上旋转舞蹈，朱红色宝石的洌香在水晶杯中摇晃。若踏着罗马城的月光，到那台伯河边，沿着悬铃木的河岸信步而行，走到圣天使桥上远眺梵蒂冈，灯火潋滟，少几分宗教的庄严，多几分世俗的华艳。你又想起，对面的圣天使堡曾是哈德良皇帝家族的陵冢，中世纪成为堡垒，如今成为博物馆，那是另一种方式的留存。桥上若逢良夜，也能偶尔看到一对白发苍苍的老人，自带了桌椅，倚桥栏而坐，素雅的桌布、精致的餐点，烛光下对酌，月色溶溶下捧着一本厚厚的相册依偎相看。此时或会赞叹罗马的妙处，这里有着永恒的纪念，再十年，再百年，流年回转，繁华落尽，红颜白发，这景观不变，仍能寻回当时的印记。

冬天清早的罗马很安静，纳沃纳广场上透着寒意，圣诞集市早早开张。渐渐地，艺术家们三三两两支起画摊，一幅幅艳丽的罂粟、光影里的罗马

图 18　纳沃纳广场一角的天空

城在画笔下呈现。深亚麻色长发的美少年，斜抱吉他，浅弹低唱。纳沃纳广场修建于 16 世纪，广场的椭圆形状来自帝国时的图密善体育场，建筑已不再，空间却以另一种方式被保留。（图 18）

罗马便似生命里那些最让你刻骨铭心的爱人。来到这座城市又离开的人们，最怀念的是什么呢？秋天带着花香味的葡萄、路边浓郁的咖啡香、早上香甜的榛子酱、喋喋叨叨却无比友善的老人、永远都心情很好随时会跟你问好的人们、记录着历史遗迹的地铁站名……此后每到秋雨缠绵的季节，就想起罗马那些乍寒还暖的辰光，心上果然抹不去那层绚丽夺人心魄的印画，从此血液呼吸，多了一丝亚平宁异域赐予的气息。当有一天辗转于尘世泥沼、俯侧于囚天桎地沉重不知自处时，也许会想起这里曾给予的自由、热情和快乐。罗马恰似给予我们负重前行的人生的一次休憩，缓慢而从容，静静看着两千年的时光在此重叠。

第六章　哈德良别墅[1]

黄金时代

爱德华·吉本在《罗马帝国衰亡史》中将安东尼王朝譬喻为“黄金时代”。他充满向往地赞颂着这个“合乎理性的自由”时代。

> 如果让一个人说出，在世界历史的什么时代人类过着最为幸福、繁荣的生活，他定会毫不犹豫地说，那是从图密善去世到康茂德继位的那段时间。那时广袤的罗马帝国按照仁政和明智的原则完全处于专制权力的统治之下。接连四代在为人和权威方面很自然地普遍受到尊重的罗马皇帝坚决而温和地控制着所有的军队。涅尔瓦、图拉真、哈德良和两位安东尼全都喜爱自由生活的景象，并愿意把自己看成是负责的执法者，因而一直保持着文官政府的形式。如果他们那一时代的罗马人能够安

1　本章参考书目：① William L.MacDonald and John A.Pinto，*Hadrian's Villa and Its Legacy*，Yale University Press，1995；② Benedetta Adembri，Eric De Sena（translation），*Hadrian's Villa*，Milan：Electa，2000。

> 享一种合乎理性的自由生活，这几位君王是完全可以享有恢复共和制的荣誉的。[1]

公元1世纪末到2世纪末的安东尼王朝执政者有“五贤帝”之称。最负盛名的莫过于图拉真和哈德良，前者以开疆辟土的军功赫赫著称，后者则以理性克制的边疆政策而闻名。哈德良即位时的帝国，疆域已被之前在位的图拉真开拓到史上最大，但也付出了军事上和财政上的沉重代价。哈德良及时调整统治策略：由“外扩”转为“内守”，在边境上筑造“哈德良长城”，整顿驻军军纪；由崇尚军事转为侧重民生，他免去了近15年间意大利和行省居民积欠的租税，并扩大了免费供粮制度和其他慈善制度的受益面；加强官僚君主制，骑士逐渐取代被释奴成为官僚，并将由元老、执政官和其他高级官吏组成的元首顾问会也改组成官僚机构。哈德良尤为注重经营行省事务，建立了常规的巡查制度，在位的21年间有一半以上时间都是在意大利之外度过的。当然，除了政治目的，他的巡行也不无私心。哈德良生性既爱读万卷书，更爱行万里路。他既造访久负盛名之地，也探索素不知名之地，通过巡行了解到帝国各处的自然胜景、风土人情等各方面情况，不遗余力地拓展着自己关于各个领域的知识。巡行途中更是不忘他热爱的建筑事业，常常主导新建或维修工程。

他一生的巡行中，有两次费时尤长。第一次是从公元121年到125年。他首先前往帝国北境的高卢、日耳曼和不列颠，并远赴苏格兰边境巡视长城，折返高卢时在尼姆（Nimes）修建了一座献给妻子普罗提娜（Plotina）的会堂。接着他到了西班牙，在塔拉戈纳时下令对奥古斯都神庙进行修复。之后，横穿直布罗陀海峡到达非洲。在从南往北、从东往西又从北往南、从西往东地将帝国西半部转遍以后，他继续向更东方进发，前往饱受帕提亚人威胁的叙利亚行省。此后的路线在文献记载中便不太明确了，但他应该穿越了小亚细亚，途中遇到了年轻的安提诺乌斯，并于124年的初夏到

1　[英]爱德华·吉本：《罗马帝国衰亡史》，黄宜思、黄雨石译，商务印书馆，2007年，第13页。

达亚洲。随后折返希腊，一待就是几个月。他在雅典被第二次选为执政官（archon），在酒神节中主持仪式；他在厄琉息斯逗留，钻研着“厄琉息斯密仪”（Eleusinian Mysteries），这是古希腊最著名的一种秘密宗教信仰，最初起源于西阿提卡地区的厄琉息斯城，是对农业女神德墨忒尔和冥后珀尔塞福涅的祭祀，后来与酒神崇拜合流。125 年夏天，他才最终决定返回意大利。作为这将近五年长途旅行的尾声，他还到西西里逗留了些日子，甚至爬到埃特纳火山顶上考察。

皇帝在罗马不过待了 3 年，再度开始了第二轮的长途巡行。128 年，他首先到达希腊，接着到非洲逗留了一段时间，又再次返回厄琉息斯和雅典。在希腊期间，他下令重建奥林匹亚宙斯神庙，拜访了阿尔戈斯、斯巴达等与历史和神话相关的遗址，沿途重修公共建筑。在小亚细亚，哈德良成为继图拉真之后的行政长官代理人（procurator prior），马不停蹄地先后前往以弗所、特拉雷斯（Tralles）和安提俄克、巴尔米拉、犹太（Judea）、埃利亚·卡皮托利那（Aelia Capitolina，即耶路撒冷）等地视察。130 年夏天，皇帝驾临埃及，从亚历山大里亚出发，沿着尼罗河欣赏各个主要的城市，途中安提诺乌斯失足溺死在尼罗河中。为了纪念他，哈德良建了安提努颇利斯城。之后他继续造访埃及的其他地方，直到 131 年初才返回雅典。133 年底或 134 年初，哈德良最终取道潘诺尼亚返回罗马。

在《罗马君王传》（*Scriptores Historiae Augustae*）中，艾利乌斯·斯帕提阿努斯（Helius Spartianus）所撰的《哈德良传》有关于这位皇帝生平的详尽记载，我们可从这些人物侧记中对他有一些浅层的了解。他高大、健壮、举止优雅，可能是多年的军旅生涯造就了勇敢果决的性格和相对简朴的生活方式。他毕生对于狩猎都充满热情，并不惜为此常常将自己置于险境。他热爱希腊文化，号称“小希腊人”（Graeculus）。他极富才学，记忆力超群，精通数学、地理、文学和艺术。他既是作家，也是艺术家，既能写诗，也善作画，对建筑尤其充满热爱。2 世纪的帝国，在建筑审美方式中仍奉希腊的柱式建筑为经典，哈德良却因独独钟爱穹顶建筑而被视为另类。甚至有传言说图拉真的御用建筑师——大马士革的阿波罗多鲁斯（Apollodorus of

Damascus）曾不留情面地将哈德良的“穹顶”嘲讽为“南瓜”。哈德良即位后，仍对此耿耿于怀，残忍地将一代巨匠处死。这类似于中国野史所载的隋炀帝将王胄杀死，并恨恨地说“看你还能作‘庭草无人随意绿’的诗句否”。

别墅兴建

别墅是共和国晚期到帝国早期的皇帝和贵族间流行的居住方式。当时贵族们的择居标准与今天的富人们相差无几，都是在城郊和海岸这些景观好的地方竞相购置或修建别墅。人类的身上兼具生物性与社会性，在人群密集的城市中生活，满足了社会性的一面；而在山光水影间的独处，则是出于生物性一面对亲近自然的追求。共和国著名的演说家西塞罗就至少有八处别墅。

朱利奥—克劳狄奥王朝，更多的别墅拔地而起，有时则是对旧别墅的改建。奥古斯都和提比略都在卡普里的悬崖顶上建有别墅。尼禄在安奇奥有海滨别墅，在苏比亚科有水景别墅，凉亭、喷泉点缀于人工湖边，花园旁就是穿过峡谷流向蒂沃利的阿涅内河。但最知名的还是他冒天下之大不韪将罗马的几座山丘据为己有，修建了极尽奢华的黄金屋，不同于帕拉蒂诺山上的宫殿，这是湖光山色间的一处别墅。后来的皇帝们尽管性格有别，修建别墅的热情却都不减。图密善的阿勒巴诺别墅在湖海之间，既得阿勒巴诺湖景之致，又得第勒尼安海景之致。图拉真在齐维塔维奇奥也建有别墅，小普林尼称其为“美丽的海景别墅，被绿色田野包围”。这两座别墅的遗址至今仍存。

贵族们也热衷于到处修建或购置别墅。小普林尼常常在信件中得意地提到他在科莫湖边、在海边、在亚平宁山脚各处的别墅。挚友图密提乌斯·阿波利纳里斯担心他的健康，曾试图劝阻他前往托斯坎别墅（Tuscan Villa）消夏的计划，小普林尼修书一封，详尽地描述了他在亚平宁山下的这处别墅周围的风光景致以及建筑空间。他写道：

> ……我的房产距海较远，在亚平宁山脚下，那里被认为是

山中最宜养生之地。……这里的冬天寒意凛冽，不适于栽种香桃木、橄榄树和其他生长于温和气候环境的树木，月桂树却能长得很好，当然有时也会因寒冷而枯萎，但这种情况并不像在罗马附近那么普遍。夏天则气候宜人，空气流动频繁，时有微风拂过。因此住在这里的老年人数量很多——在这里你可以看到成年人的祖父们和高祖父们，听到老故事和旧传闻，造访此处便如同回到了另一个时代。

乡间风景秀丽。眼前如同只上演自然杰作的广阔剧场，群山环绕着辽阔的平原，山顶覆盖古老的高林，人们在其中进行各种狩猎活动。顺山坡而下是散布着木料林的小丘陵，土壤肥沃，看不到岩石外露；这些小丘陵如同平原一样肥沃，虽然成熟季节较晚，但产量丰饶。再下来是遍布每一处坡地的葡萄园，既宽且广，地势低处以灌木丛带为界。然后是草地与农田，只有健壮的牛与坚硬的犁才能将其耕开，因为土壤如此坚硬，以致首次垦荒时需要九遍才能完全耕开。草地因鲜花生色，三叶草和其他娇嫩的植物丛生，万物由奔流不息的溪水所滋养；但凡有积水，便顺坡而下排进流经田野的台伯河中，因此平地未成为沼泽。至于台伯河，它适宜航行，因此所有运往罗马的产品都是通过船运，但只在冬春两季如此——在夏天河面回落，干涸的河床使其难符“大河”之名，直到秋天到来才会改观。从山顶眺望乡间是很惬意的，景色如画，美丽得如同幻境，无论目光投向何处，多样性中的和谐都会使人眼前一新。

我的房子就在一处山坡的低处，但景致不比高处的差。这座山的地势缓缓升高，坡度几不可察觉，毫不费力便到了山顶。从屋后再走一段路便能到达亚平宁山脉，所以即使是在万里无云的晴天，也仍有阵阵微风自山间袭来，并且由于距离合适的缘故，风势既不锋利也不喧嚣。房子朝南，所以夏天从中午开始（冬天则更早些）阳光便洒落到柱廊中。房子横向的一面上有几个朝外打开的房间，还有旧式样的门厅。

柱廊前有一个露台，用黄杨篱笆分隔成不同的形状，坡岸由此向下延伸，每侧的黄杨修剪成不同的动物形象。在那底下的一层涌动着——或者我该说起伏着——一丛莨苕。四周环绕有小路，路两旁精心栽种着修剪成各种形状的灌木丛，然后是一条大路，如同赛马场一般是椭圆形的，在其中有不同造型的黄杨和矮小的灌木丛。整座花园被隐没在成排的黄杨篱笆后的干砌石墙围合；外面是一片草地，因其自然之美也与我描述的真正花园般值得欣赏；再外面是田野和更广阔的草地与树林。

柱廊尽头便是餐室：通过它的折叠门可以看到露台的尽头，毗邻的草地，以及远处的空旷田野；透过一侧的窗户可以看到露台的一部分和房子突出的一翼；透过另一侧的窗户则可以看到骑马场围栏的树梢。正对柱廊中间有一排房间，四周环绕着有四棵悬铃木的小院子。院子中心的大理石水池中涌动着喷泉，浇灌了周围的悬铃木，并朝它们底下的土壤喷出轻雾。这间套房是一个没有日光、声音的卧室，旁边是一个招待私人挚友的非正式餐厅；在此能看到小院子、柱廊和柱廊外的景致。还有另一个房间，邻近的悬铃木投下绿色浓荫，墙上到天花板上装饰着大理石和一幅鸟儿栖在树枝上的壁画（充满吸引力）。这儿有一个被小喷嘴环绕的碗状小喷泉，发出悦耳的潺潺声。在柱廊的转角是一个朝向餐厅的大卧室，一些窗户朝向露台，另一些则朝向草地，在前面的窗户底下有一个装饰水池，水从高处落下，落到大理石上溅出白色的水珠，使眼睛和耳朵都能获得双重愉悦。这个房间在有阳光的冬日里非常温暖，阴天时则从邻近的炉房烧出热蒸汽取暖。接着你会穿过一个美妙的大更衣室，附属于浴室、凉室，后者有一个阴凉的游泳池。如果你想要更大的游泳空间或是温水，在院子里有一个池子，旁边有个水井，如果觉得够暖了可以用冷水锻炼体魄。凉室旁是温室，有恰到好处的阳光，不像建在湾中的热室般日晒那么多。温室里有三个深浴池，两个能晒到太阳，一个则在阴凉处，不过光照也不错。在更衣室上方是球场，因为面积够大，也可以做不同类型的锻炼。离浴室不远是一段通往三个房间以及有顶拱廊的楼梯。一个房间朝向有四棵悬铃木的小院子，另一个朝向草地，第三个朝向葡萄园，并有着无法形容的能望向天空的景致。拱廊上端隔出来像个房间，在此可看到骑马场、葡萄园和群山。旁边是另一个尤其在冬天光照充足的房间，然后是连接房子和骑马场的套房。

这就是房子前部的外观和布局。侧面是一道夏天使用的有顶拱廊，由于建在高处，看起来不是向下看，而是实际地接触到下面的葡萄园；半路上有一个餐厅，有着从亚平宁山谷吹下来的微风。后面的宽敞窗户和折叠门中能看到葡萄园，但穿过其间的拱廊，一侧是没窗户的，是一段用来服务于宴会的私人楼梯。在远端是一间能看到拱廊的卧室，景观与葡萄园一般怡人。底下是一个半地下式的拱廊，在夏天也依旧凉爽，而且通风充足。在两道拱廊旁边，是一段露天走廊，餐厅在此结束，上午很凉爽，但午后开始便很热。它通往两个套房，一个套房有四间房，另一个有三间房，可以根据太阳的运行选择有阳光的或有阴凉的。

骑马场极大地提升了建筑的设计感和美感。骑马场中间是完全露天的，从跑道的任一处都可进入。周围种着爬满常春藤的悬铃木，上头是树的叶子，下头是爬上树干和树枝的常春藤，将树与树连接起来。悬铃木间生长着黄杨木丛，外面是一圈月桂丛，与悬铃木一起投下浓荫。这里是直跑道结束的地方，然后弯曲成半圆形，沿路种植的柏树有着密不透光的浓荫，内圈——有好几圈——可照到阳光，种植着玫瑰，阴影与暖和的阳光在此交替出现。在跑道弯曲的蜿蜒小道的尽头，可以返回到直道，更确切地说是道路们，因为其间用黄杨树篱相隔。在各处的草坪之间，是修剪成各种形状的黄杨木丛，拼成园丁或其主人的名字；小黄杨树方尖碑与果树相间隔，然后忽然就置身于一片乡村国度的美景之中。中间的空地每一侧都植有矮悬铃木，更远处是叶子柔韧、光亮的莨菪，然后是更多的黄杨造型和名字。

在跑道尽头的上层[1]是一条白色大理石的曲形餐椅，顶上是缠绕在四根细长的卡里斯都大理石方柱上的葡萄树。水从座椅底下的管道涌出，就像是被坐在那里的人的重量压出来的一样，然后流到一个石池子中，再流到一个磨光大理石水池中，水中有一种装置保证水不会溢出。晚餐时，前菜和主菜被放在池子的边上，较轻的菜放在鸟形容器或小船中，浮在水上。对面的喷泉，水高高地迸向空中，然后又回落至池中，再通过与入口相连的喷口再次喷水。餐椅对面有一个卧室，因为位置的缘故，能看到很多美丽的景致。卧室以明亮的白色大理石修筑，折叠门直接在树丛间打开，高低窗户皆能看到满目青翠。属于卧室但又与其分离的一个小凹室，里面也有张床，虽然墙上都是窗户，但是外头的藤蔓缠绕着整座建筑物，一直攀爬到屋顶，将房间遮蔽得密不透光。你可以躺在这张床上，想象自己身处林中，但却没有下雨的风险。这里也有一个迸溅然而消失于地下的喷泉，到处都是大理石，可以边走边欣赏它们还有建筑。每一张椅子旁都有一个小喷泉，在整个骑马场都能听到溪流潺潺，水流可以被控制流向花园的任何部分。

——小普林尼《书信集》5.6，

“致图密提乌斯·阿波利纳里斯”[2]

1　古罗马此类骑马场多为下沉式设计，周围的地面高于骑马场。

2　W.M.L.Hutchinson（revised by），William Melmoth（translated by），*Pliny Letters*，London: William Heinemann & New York: The Macmillan Co.，1931，pp.377—396. 此段及下一段引文为作者译。

小普林尼的另一栋临海别墅位于离罗马不远的劳伦蒂纳（Laurentine），他的描写同样细致入微，成为我们了解那个时代别墅布局和陈设的重要依据。

> 房子对我来说够大了，保养却不昂贵。它有一个大厅，不华贵，但并非不宏伟，有两道D字形的柱廊包围着一个小而精致的庭院。在恶劣天气下，因为有窗户和悬垂屋顶的防护，相当地实用。在对面是一个内厅，然后是非常棒的餐厅：它沿着海岸，每当东南风来时，细碎海浪便被吹起，轻轻地冲洗着此处。餐厅的折叠门和窗都很大，三面能看到大海，后面则望向内厅、两列柱廊的庭院、门厅以及远处的树林和群山。
>
> 左边离海稍远的地方是大卧室，然后还有另一间小卧室。清晨时分阳光能从其中一扇窗户洒落，傍晚的最后一缕夕阳则从另一扇窗户离开；从这扇窗户也能从一个安全的距离看见底下的海。这个房间和餐厅的一角是阳光强烈而集中的地方，听不见风声，除非是带来雨云的风，因此这里成为我的家人们冬天逗留和锻炼的场所，天气变坏后也能使用。拐角处有一个带后殿的房间，阳光移动时依次照过每一扇窗户，其中一面墙上是装满了书的书架，就像个图书馆，放置我在读和读过的书。接着是在走廊另一侧的卧室，有一层垫高的地板，铺满了热蒸汽管道，以适宜的温度循环。房子这一侧的其他房间则是我的奴隶和被释奴使用的，其中大多数完全拿得出手来招待客人。
>
> 在餐厅的另一侧是装饰华美的卧室，然后是一间能做卧室或小尺寸餐厅的房间，在此能享受到从海上反射过来的明亮阳光；在另一个房间后面是一个前厅，因其足够高敞，在夏天很凉快，冬天则是个避难所，因为这里能挡风。一个类似的房间被隔墙与前厅分开。再过去是一间大而宽敞的冷水浴室，这里有两个弯曲成圆形的浴池，因为离海很近，显得足够大。相连

的是膏油室、火房和暖水室。还有两个小浴室，装潢精美但不奢华。然后是一个温水浴池，设计得别有韵致，在此间畅游的同时，又能望见大海。紧靠的是球场，落日时能完全晒到温暖的太阳。这里有两层，上下层各有两间起居室，上层还有一间餐厅，全海景视角，并能看到海岸上的房子；还有另一处上层，有一个能看见日出日落的房间、葡萄酒窖和谷仓。下层是一间餐厅，看不到海，只有浪花破碎的声音，甚至是低微的轻语；这里能看到花园和骑马场。

骑马场周围是黄杨树篱，或是用来填满所有空隙的迷迭香，因为黄杨会在有建筑物遮蔽的地方繁茂生长，在被暴露于海风和盐分的地方则枯萎。在骑马场的内圈是一架年轻而阴凉的葡萄藤，底下土壤松软，甚至能赤脚行走。花园中种满了茂密的桑树和无花果树，土壤虽然不利于别的植物生长，对它们来说却很适宜。在这一侧，餐厅离海较远，但景色与海一般可爱，从后面两个房间的窗户能看到房子的入口和另一个菜园。

这里开始有一条带顶拱廊，几乎和公共建筑一样大。两侧都有窗户，更多地朝向海，在花园一侧每个间隔的凸处都有一扇窗。在晴朗无风的日子里，窗户全都打开，而在暴风雨的天气里，只能开背风一侧的窗。前面是一个紫罗兰芬芳的露台。当阳光下落时，拱廊通过反射增加热量，东北风由此吹过，因此前部热而后部凉。它以同样的方式迎接着西南风，因此打破从相反方向来的风力；冬夏都很舒适，露台在早上很凉快，骑马场和附近的花园在下午很凉快，因为当日子变长或变短时，影子在一侧或另一侧变短或变长。当太阳在屋顶炙烤时，拱廊内较少阳光，西边的微风吹进敞开的窗户，由于空气流通，永远不会觉得闷。

在露台、拱廊和花园的尽头是套房，我非常喜爱这里，因为是我自己建的。这里有一个朝向露台的日光浴室，一面邻海，阳光遍布。这儿还有一个房间，它的折叠门朝拱廊一侧打开，其中一扇窗户还能望见海。设计精美的凹室正对着房间的隔断墙（intervening wall），将凹室的玻璃折叠门和窗帘打开，可与房间连通一体；若将其关上，便自成两个互不相扰的空间。凹室的空间宽敞，可容纳一张沙发和两张扶手椅。凹室之下，便是茫茫大海，背后则是附近的别墅以及远处的森林，可从每扇窗向外眺见风景，或从一扇窗向外尽览各种风景。它旁边是一间夜晚的卧房，家人的声音、海的低吟、风雨声都不能透进来，除非遮蔽物打开，否则闪电和亮光也不能透进来。这种深刻的安宁和隐逸是在房间和花园之间的走廊造就的，没有声音能干扰到这片空间。这之上有一个小炉房，通过一个狭窄的出口保存或循环所需的热量。然后有一个前室和第二间卧室，朝阳而建，虽然在一个角落里，但从日出到中午都能照到太阳。当我离开这个套房时，我觉得似乎就像离开了愉悦：尤其在农神节期间，当家中其他各处的屋顶上空都回响着节日的欢呼时，我却能在此，不打扰我家人的狂欢，他们也不打扰我的工作。

——小普林尼《书信集》2.17，“致高卢斯”

117 年哈德良即位时，大量的别墅矗立在罗马东部和东南部的山上，以及海岸边，那不勒斯湾尤受欢迎。哈德良也拥有多处别墅，罗马平齐奥山上和奎里纳勒山上的原撒路斯提奥庄园都被皇帝并购，另一处则在帕莱斯特里纳，还有就是蒂沃利的哈德良别墅。虽然哈德良别墅今天留下的遗址已经成为世界文化遗产，但在罗马帝国时期的文献中，关于这处别墅的文字材料却屈指可数。

第一条材料是在希腊中部的德尔斐发现的哈德良信件，其中一封的内容是处理德尔斐及其同盟之间的纠纷，信中提及写成于蒂沃利，也就是哈德良别墅。

第二条是在蒂沃利发现的一条 135 年 12 月的题献铭文，对象是哈德良，记录了西班牙一个自治市对皇帝的感谢。

第三条则为建筑本身的砖戳记。砖上的这些铭文证明了别墅的国家背景，并提示公元125年的8到9月，可能还有135年的12月，皇帝都居住在此。

第四条材料是“皇史六家”所撰的《罗马君王传》中的相关记载：

> （哈德良）建造了不可思议的提布尔提那别墅，并在此刻上了最著名的行省和地方之名，有名称的部分（确定的）例如：学园（Lyceum）、研究院（Academy）、公共会堂（Prytaneum）、坎诺帕斯（Canopus）、大柱廊（Poecile）、潭蓓（谷）。为了没有遗漏，他甚至建了一个地下世界。[1]

这段文字中提及的“学园”“大柱廊”和“研究院”是传统的别墅景观命名法，但行省名字和“坎诺帕斯”则是创造。另外，潭蓓谷得名于希腊的一处景致。它位于塞萨利北部的潭蓓自治市，在奥林匹斯和奥萨（Ossa）之间。山谷两边是500米高的悬崖，皮涅奥（Pineio）河从这里流向爱琴海。古希腊的诗人们常将其描述为阿波罗与缪斯最喜爱的地方。

《罗马君王传》中帕尔米伦帝国泽诺比娅女王的传记中也提及了哈德良别墅。在被奥勒良皇帝打败后，她来到罗马生活，从273年起，住在提布尔“离哈德良别墅不远”的一处房产中。

第五条材料属于4世纪，奥勒留·维克多（Aurelius Victor）的《恺撒们》（*De Caesaribus*）里也提到了这座别墅：

> 然后，正如在和平时期的传统，哈德良变得无足轻重，便退居到提布尔附近的城中，而将都城托付给路奇乌斯·奥勒良

1　作者译。原文出自 G.P.Goold（edited by），David Magie（an English version translated by），*The Scriptores Historiae Augustae*，XXVI.5，Harvard University Press，1991，pp.78—79。

恺撒。这个幸运之地足够富裕，皇帝在此大治宫室，沉迷于宴会和收集雕塑、绘画；最后，令人不无担忧地，他提供了一切奢华与淫荡。结果，流言蜚语产生了。[1]

接下来的文献声称哈德良是同性恋者，并称他将新城和许多雕塑都题献给淹死在尼罗河中的安提诺乌斯。但《恺撒们》一书中惯会强调甚至制造某些耸人听闻的事件，因此历史的真实性大打折扣。

别墅建造阶段

蒂沃利别墅离都城罗马东面的俄斯奎利诺城门大概有 17 罗马里，也就是 28 千米，步行可能得花 6 个小时左右；如果乘马车，则可能要一个多小时。当时最便利快捷的交通方式是乘船经阿涅内河到达。这里有多个采石场，可开采的建材种类包括石灰华、石灰、火山灰和凝灰岩，并有四条通往罗马的水渠由此经过，附近还有硫黄泉。结合距都城的距离、交通和运输的便利、建材的易于获取、水源供应的充足、养生等各方面来看，蒂沃利毫无疑问是建造别墅的黄金地带。

哈德良的别墅占地约 1.2 平方千米，是北京故宫面积的一倍还多。遥想在距今将近两千年的古代，只有简单的机械，可想而知工程的难度，以及所需耗费的人力、物力和时间。别墅内的许多建筑用砖上都标记有负责工程的执政官（consular）年号或姓名，有助于学者们建立精确的年代框架。赫伯特·布洛赫（Herbert Bloch）是最早根据这些戳记来对哈德良别墅进行分期的学者，他认为建筑活动分为三个阶段：118—125 年，125—133/134 年，133/134—138 年。后来陆续有一些学者建立了不同的分期标准：基亚佩塔划分的三阶段分别是 118—121 年、121—125 年、125—138 年；

1　作者译。原文出自 Aurelius Victor，texteétabli et traduit par Pierre Dufraigne，*Livre Des Césars*，14，Paris：Société D'édition "Les Belles Lettres"，1975，pp.19—20。

青柳正规也分为三阶段，分别是118—121年、125—128年、133—135年。尽管分期不同，但可以看到一些关键的节点，如121年、125年、128年、133年，分别是哈德良开始第一次巡行、结束第一次巡行、开始第二次巡行和结束第二次巡行的年份，138年则是他逝世的年份。在学者们普遍的认知里，蒂沃利别墅的修建与哈德良的两次巡行紧密相关。

从客观角度来说，历史的发展既有连续性亦有断裂性。从主观角度来说，历史由无数纷繁复杂的现象堆砌而成，对历史的分期有助于研究者们抽丝剥茧，发现变化的线索。因此，尽管学者们都倾向于对别墅的建造活动做出三阶段性的划分，从而能够更好地说明整个建筑活动与哈德良行为和心理之间的关联，但实际情况可能是，三个阶段之间并非绝对的界限分明，别墅建设是20年间连续性的行为。不过，后人能从无生命的砖石间解读出别墅的生命史，花草树木乃至水景的设置却难有踪迹可寻。部分景观的配置可能与建筑同时，如喷泉等水景肯定需要提前埋设管道，而另一部分的景观如植物，则可能在建筑大体完工后再行设计。

如果按照布洛赫的分期方法，前两个阶段之界为125年，那正是哈德良结束第一次长途巡行返回意大利的年份。彼年年底，哈德良从蒂沃利写信给德尔斐的居民，据此可以推测当时他应当居住在此，将别墅作为官邸。但若如此，又会产生一个说不大通的抵牾之处：如果从125年起，别墅被作为正式官邸，那么如布洛赫所说，后面还有长达13年的两个大规模建设阶段，这似乎有些不合常理。皇帝驾前、帝国中枢，如何能容忍这样年月滋深的大兴土木。事实上，别墅内发现的大多数砖戳记都属于123—124年，也就是说，建造活动在这两年间达到高峰，完成了大部分的主体建筑，而此后不过都是一些局部的小规模建筑工程。

蒂沃利自共和国末期以来便有建筑在此矗立，产权属于皇后维比亚·萨比娜的母亲玛提蒂亚。118年，首先在玛提蒂亚旧宅近邻新建起一批建筑，包括岛中别墅、喷泉庭院、哲人厅（Philosopher Hall）以及大柱廊（Poikile）的双廊部分。121年，哈德良启程开始他生命中的第一次长途巡行，在他离开罗马后，别墅的浩大工程更加如火如荼地展开，尤其是皇帝回归前夕的123—124年，工程达到高峰期，这时对玛提蒂亚别墅进行了改造，并建造了大柱廊的其余部分、冬宫（Palace Winter）、体育场（Stadium）、拱廊建筑、大浴场和小浴场。“研究院”和黄金广场（Piazza d'oro）的柱廊庭院也已开始动工。

125年，哈德良返回都城，入住蒂沃利别墅。在皇帝的直接监督下，黄金广场南端的宴会厅、观景台的东观景楼、冬宫旁的柱廊水池、西面的柱廊大厅（The Vestibule Group）一一完工。128年，他再次离开意大利，走入帝国的广阔河山。

133或134年，哈德良终于回到罗马，此后他基本上都待在别墅里。直到138年临终前，才不得已离开蒂沃利前往那不勒斯湾的巴亚疗养。巴亚在罗马帝国时期曾是皇帝们的避暑胜地。从罗马城乘船沿台伯河而下，再由奥斯蒂亚港改乘海船到达。罗马皇帝们在这洒满阳光、遍野金黄色蜜橘、花色缤纷的海岸边，尽情享受生之欢娱。他在此居住期间，建筑活动并未停止，希腊剧场、维纳斯神庙、“音乐厅”（Odeon）和“坎诺帕斯”区域就是在此时竣工的。其中最重要的也是最充满争议的是“坎诺帕斯”。麦克·唐纳认为它始建于130年之前，由于这片建筑普遍被认为与安提诺乌斯之死有关，这样一来便推翻了两者间的关联。因此青柳正规和斯帕尔提阿努斯（Spartianus）提出这里应该是哈德良第二次巡行归来后，也就是安提诺乌斯死后才开始建设的。索查·卡利（Sorcha Carey）进一步修正了这个说法，因为130年安提诺乌斯死于巡行途中，“坎诺帕斯”应是始建于这之后不久，他死后哈德良仍旧在外游历了三四年，哈德良回到蒂沃利后才正式建成。另外，所谓的“音乐厅”，我们可能也需要对这个名字持怀疑态度，因为通常来说，这种类型的建筑应当是室内的，惟其如此才能通过精妙的设计以达到最好的声学效果，但目前顶着这个名头的建筑物却是露天的，显然有些不符合传统。

不过，建筑的年代并非板上钉钉的事实。即便在有砖戳记的情况下，这些沉默的遗迹也不会主动将自己的生命史告知后人。历史学、考古学和建筑学的研究者们需要花费很多功夫去解决这些永远得不到答案的谜题。

他们在文献中搜索蛛丝马迹的线索，哪怕一笔带过的信息，也能提供关于建筑年代的证据；他们在废墟堆里作分毫析厘的探究，哪怕司空见惯的平常，也是通往历史真相的锁钥。在很多问题上，学者们由于角度、见识和思考方式的不一样会产生观点的分歧，有一些问题则随着越来越多证据的出现，在学界达成了共识。当然也有另一些，可能将永远处于分歧之中。这也正是关于“过去”的学科们所共有的迷人之处，回不到的过去正如到达不了的星辰一般，探索、思考与向往是最为可贵的。

再回到哈德良别墅，由于没有任何关于喷泉庭院年代的线索，所以充满了争议，青柳正规认为这里的两座建筑建于 118 年，但基亚佩塔则觉得可追溯到 121—125 年，甚至有可能它建了 7 年之久。南剧场虽然出土了砖戳记，但是既有 123 年的，也有 134 年、137 年的，同样对年代的判断造成了干扰。

总体来说，上文提及的这些建筑，年代都比较明确。别墅内还有许多无法得知确切修建年代的建筑，如黄金广场东面的角斗场（gladiator arena）以及东南端的“普鲁托尼奥”（plutonio）。

哈德良别墅的发掘

哈德良死后，安东尼·皮诺和马可·奥勒留皇帝都曾驾临别墅，但可能并非作为正式的办公场所，而只是小憩的离宫。砖戳记的年代一直持续到卡拉卡拉时期，这表明在 3 世纪初，别墅仍然有小规模的局部维修或重建活动。这之后，哈德良别墅的命运便隐没不清了。

4 世纪，《罗马君王传》的汇编者和奥勒留·维克多提及在之前的某个时期，这里就已不再是皇家财产。5—6 世纪间，北方的哥特人入侵，曾经强大的帝国沦陷，宁静富庶的坎帕尼亚也变成了是非之地。6 世纪 40 年代中期，哥特人和皇家军队为争夺罗马进行激烈的战斗时，蒂沃利是一个主要的要塞。546 年 11 月，当东哥特国王多迪拉（Totila）和他的军队冲破了罗马的城墙后，返回蒂沃利，哈德良别墅沦为了采石场和石灰窑，大理石被焚烧成石灰。后来，别墅中还发现了一个窑的残片。这种焚琴烹鹤的境况持续了多个世纪。哥特人入侵后，可能很多流浪者暂居在别墅中，浴场的房间中就发现了这种迹象。

15 世纪时，这片遗址被人们称为“老蒂沃利城”。1461 年，庇护二世和弗拉维奥 · 比昂多在对罗马郊区进行调查时注意到这里，认为这应该是皇帝别墅。此后这里成为艺术家们酷爱的汲取灵感之地。弗兰切丝卡·迪·乔吉奥 · 马提尼（Francesco di Giorgio Martini）就曾将希腊图书馆入画，并绘制了喷泉庭院的平面图。朱利亚诺 · 达 · 桑伽洛（Giuliano da Sangallo）在《巴贝利尼抄本》中记录了别墅中的坎诺帕斯、陵墓和大浴场遗址。

16 世纪初，布拉曼特（Bramante）对哈德良别墅遗址进行了测量。根据皮埃特罗 · 本伯（Pietro Bembo）写给比比埃纳主教的信件，拉斐尔也曾到过这片遗址考察。16 世纪中期，费拉拉主教埃斯特成为蒂沃利总督，别墅也就进入了他的辖区内。但是在他看来，别墅仅仅是充实他个人古典艺术收藏宝库的一个重要基地，他的私人考古学家皮罗 · 利格里奥（Pirro Ligorio）在别墅中的挖掘工作主要目的是寻找别墅中的艺术品，甚至为了这个目的将坎诺帕斯区域附近两个反对挖掘的葡萄园业主赶走。利格里奥受他之托，寻找艺术品的同时展开发掘，对一些建筑遗迹进行了记录，并制作了大尺寸的《哈德良皇帝的蒂沃利别墅平面图》。别墅内的大量喷泉、水神殿就是利格里奥为枢机主教设计千泉宫时的灵感来源。

世事无定则。原先由皇帝独占的别墅，到 17 世纪时产权已分属 45 位农场主。农民在此开垦放牧，画家们来此作画，贵族们则不停地在此开展寻宝活动，甚至神父也参与其中。大约 1725 年，朱塞佩 · 费德伯爵（Count Giuseppe Fede）买下其中 18 个农场主的土地，在废墟间修建了大量农业建筑，还修筑了一条通向大柱廊的柏树林荫道。卡尔蒂尼 · 弗利厄蒂（Cardini Furietti）发现了两个灰色大理石半人马怪以及“研究院”中的“鸽子图”马赛克。当年发现的这些文物辗转易手，现在收藏在卡匹托利尼博物馆中。乔万尼 · 巴提斯塔 · 匹拉涅斯（Giovanni Battista Piranesi）绘制了《哈德良别墅现存建筑总平面图》，但未及付梓便与世长辞，最后由其子弗兰切斯卡完成并于1781年出版。今天看来，图中的部分建筑物和区域未能严格反映现实，部分标注也有“发明创造”之嫌，且错误地将南边一些不属于别墅的建筑结构也囊括进来。但瑕不掩瑜，这幅平面图意义重大，是哈德良别墅研究的一个转折点，今天依然是最重要的遗址平面图之一。此外，他还绘制了一系列单体建筑遗迹的透视图。18世纪后半期，画家和艺术商人加文·汉密尔顿（Gavin Hamilton）在别墅北部的沼泽地发现了大量精美的雕塑和浮雕残片，以及大理石残块，可能是有人曾准备用它们烧制石灰。18世纪末，这块土地再度被瓜分成7大私人领地，政府可能只拥有其中很少一部分土地的产权。

1827年，罗马大学的安东尼奥·尼比（Antonio Nibby）出版《哈德良别墅考》，通过考证尽量复原别墅中的各个建筑的本名。皮埃特罗·罗莎（Pietro Rosa，1810—1891）购买了现在哈德良别墅考古区的大片土地，开始科学地发掘和保护。兰切亚尼等意大利学者和几个在罗马的外国学术机构相继开展研究。19世纪70年代，意大利国王的新政府买下一半土地，使别墅的部分区域结束了流离落魄的命运，得到系统的保护，不过“研究院”及南面大片区域至今还在私人业主的手中。现代学科研究始于1895年赫尔曼·温内费德（Hermann Winnerfeld）的专著。

1904—1905年，罗马皇家设计学院在别墅平面图中增加了等高线。罗马美国学院长期在别墅中进行发掘，1931年开始发掘大浴场，1951年开始发掘坎诺帕斯，并绘制了大量的遗址图。20世纪二三十年代，学界对罗马建筑和艺术的兴趣激增，研究多关注具体的专题，如建筑、雕塑、装饰、遗址规模、地下通道等。

1937年赫伯特·布洛赫（Herbert Bloch）依据砖戳记对别墅的建筑过程进行了年代学的分期。1938年，伊塔洛·吉斯蒙迪（Italo Gismondi）制作了别墅的复原模型，1955年又经过了改进。1950年，海因茨·克勒（Heinz Kahler）对别墅遗址进行了建筑空间和结构的分析。

1969年，欧金妮娅·萨尔扎·普里纳·里科蒂（Eugenia Salza Prina Ricotti）开始了她在别墅长期的研究工作，其中包括1987年和1988年对坎诺帕斯和黄金广场的花园进行挖掘，发表了《哈德良别墅园林区的初步发掘：坎诺帕斯区与黄金广场》一文，而更多其他方面的研究集成《哈德良别墅：一位皇帝的梦想、建筑、艺术、花园》一书出版。

1981 年，矶崎新、攸山纪信、青柳正规主编《逸乐与忧愁的罗马——哈德良别墅》，谈到了与别墅相关的研究者及历史人物、希腊罗马的别墅建设传统、哈德良对别墅的影响，以及别墅中建筑的情况等。1997 年耶鲁大学教授威廉 · L. 麦克唐纳（William L.MacDonald）和约翰 · A. 平托（John A.Pinto）合作完成了《哈德良别墅及其遗产》（*Hadrian's Villa and Its Legacy*），这本著作以考古学精确的数据为依托，阐述了别墅形成的历史背景、建筑布局和特征、138 年后别墅的命运以及对后世建筑师的影响。罗马建筑师费代里卡 · 基亚佩塔在 2008 年出版的《哈德良别墅的古代路线》中以景观考古学分析的方法，复原了别墅中不同人物的活动路径。

别墅布局

哈德良别墅在罗马城东南郊的蒂沃利，此地古称提布尔。提布尔大道从罗马经过此处通往坎帕尼亚，在蒂沃利西南分出一条支路通往别墅。支路从一座古桥上穿过阿涅内河，这座桥至今仍屹立河上，名为卢卡诺桥。此处既有自然景致，又邻近都城，便于与元老院等机构联系、处理政务，因此是哈德良的众多别墅中最受青睐的一处。

别墅建在提布尔提尼山脚的一处凝灰岩台地上，西边为坎帕尼亚平原，东边有一条小山谷将其与亚平宁山脉分隔，两条几乎平行的西北—东南走向山谷成为别墅的边界。建筑群东西延伸 2 千米，东有费拉塔水渠，西有里斯克利溪（或罗卡布鲁纳溪），两水交汇后通往阿涅内河。阿涅内河是台伯河的主要支流，当流经蒂沃利时，从山顶飞流直下，形成壮观的瀑布，这也使得蒂沃利的局部微气候比罗马城更为舒适，早在共和国时期就已是别墅云集之处。

哈德良别墅的选址比其他建于半山腰上的别墅群要低。但是依山临海

1. 希腊剧场 2. 角力场 3. 宁芙殿 3. 潭蓓柱廊 4. 图书馆下层柱廊 5. 图书馆上层柱廊 6. 潭蓓观景楼 7. 皇帝餐室 8. 客房 9. 拉丁语图书馆 10. 希腊语图书馆 11. 图书馆庭院 12. 宫殿区 13. 马赛克拱廊 14. 柱廊套间 15. 黄金广场 16. 双回廊与百室 17. 哲人厅 18. 海岛别庄 19. 日光浴场 20. 拱廊餐厅 21. 体育场花园 22. 冬宫 23. 仆役所 24. 小浴场 25. 中央门厅 26. 大浴场 27. 别墅观景台 28. 坎诺帕斯 29. 罗卡布鲁纳 30. 研究院 31. 阿波罗神庙 32. 拉丁剧场 33. “亡者之地”（Inferi） 34. 地下大梯形区 35. 陵墓 36. 普鲁托神庙

图 19 哈德良别墅遗址平面图（笔者据 William L.MacDonald and John A.Pinto, *Hadrian's Villa and Its Legacy*, fig.24, Yale University Press, 1995, p.38. 重绘）

的地势使它依然能享受到海风与山风的清凉，又因地处山脚，空间更大，建筑师能淋漓尽致挥洒其创意，别墅的主人也能尽享山水之美。建筑群顺地势自然分布，形态各异，呈现出跳跃刚性建材束缚的活泼形态，错落有致地缀在山水之间，景观上融园林、野地和农田为一体。迄今共发现建筑30余座，建筑材料包括石灰岩、砖、石灰、火山灰和凝灰岩结构，建筑类型包括寝宫、餐室、图书馆、剧场、角力场、浴场、运动场、音乐厅、观景楼、观景台、神庙和陵墓等。在部分古代文献里提及了其中一些建筑的名字，学者们努力将这些名字与倾颓的遗址对应上；另一些建筑的名字则是后人给它们起的，而且往往由于功能尚存在争议，同一处建筑在不同的学者笔下可能有着不同的称呼。

别墅在建造之时，极大地迁就了地形，因此在布局上没有统一的轴线，而是根据位置和地形的不同各设轴线，大致可以分为七个部分：

第一部分是中央的宫殿区（图 19：12）。这是从旧别墅改建并扩建而来的，同时还新修了宫墙（图 20）。这种做法遵循了罗马从铁器时代以来

图 20　哈德良别墅宫殿区的宫墙

的普遍传统，后人不轻易废弃之前存在的建筑，而选择在其基础上进行改造、扩建，因此在很多罗马帝国时期的建筑上，无论是气势恢宏的神庙，还是布局复杂的宅邸，无论是在都城，还是在乡间，处处可见从铁器时代或至少是共和国时代沿用到帝国时代的痕迹。这种“可持续”“循环使用”式的建筑观，很大程度上应该是得益于砖石和火山灰混凝土等建材本身的牢固度，也有尽可能节省建造成本的因素，或许还由于罗马人的空间观和建筑观。

作为整座别墅的中心，宫殿区与别处不同，采用规整的集中式布局，整体的外观近长方形，轴线与别墅整体西北—东南走向的轴线相平行。这一方面恐怕与哈德良岳母旧宅原本的格局有关，另一方面则是作为权力中心的需求。上文提及，哈德良曾将蒂沃利别墅作为正式的办公场所使用，那么这决定了承担“皇庭”功能的区域需要有与之适配的外形。在罗马帝国建立初期，皇帝的宫殿并没有固定的规制，但从 1 世纪图密善在帕拉蒂诺山修建奥古斯塔纳宫之后，便形成了定式。蒂沃利别墅的宫殿区便处处可见奥古斯塔纳宫的影子，这应该是一种符合皇帝身份和政治功能的固定形态。

第二部分是宫殿区外围建筑群。从宫殿西南角开始，按照顺时针的顺序依次为海岛别庄或海洋剧场（图 19：18）、图书馆或喷泉庭院（图 19：9—11）、皇帝餐室（图 19：7）、潭蓓观景楼或东观景楼（图 19：6）、客房或隔间大厅（图 19：8）、多立克式柱廊建筑或柱廊套间（图 19：14）、北仆役所或消防营、日光浴场（图 19：19）。它们紧贴宫殿区外围，轴线方向基本与之保持一致，但是这种集中型的布局被差异化的外观设计消融了。每一幢建筑都有其独特性，这也使得建筑与建筑之间的空地出现各种不规则的古怪外形。除了北仆役所外，大部分建筑和空间的地势都低于宫殿区。整体化的设计和一致的建筑技术表明，宫殿区及其外围建筑的工程应当是在 118—125 年同时进行的，宫墙修建年代稍晚。设计很可能出自哈德良本人，业主身兼设计师的情况在当时也并不罕见，像小普林尼就曾按照自己的理念设计过别墅。

图 21　日光浴场。这是别墅的三座浴场中年代最早的一座。

北仆役所的平面是一个简单的方形，少有柱式结构和装饰元素，在这片精心布局的别墅群中显得缺乏设计感，显然是一幢优先考虑实用功能的建筑物，也有学者推测这里是消防队的驻地。日光浴场的平面则与之完全相反，显得很不规整，是不对称型罗马浴场建筑群中年代较早的代表作，它的西南面在冬天午后能够惬意地沐浴在阳光之下（图 21）。海岛别庄可算是整座别墅中最别致的憩处，环水而居，既与红尘相隔，又在尘世之中。喷泉庭院的平面极不规则，南侧以水神殿一分为二，两部分建筑的形状和轴线都不相同，唯一相同处是前面都有一个八边形水池，两个水池间以窄长的水沟相连，有学者认为这里其实是一座图书馆，因为这两部分正对应着罗马帝国图书馆建筑中传统的拉丁文和希腊文分区。

这部分的每座建筑都几乎是独立的，相邻的建筑之间相隔着一定的距离。虽然从平面图上看，仆役所和柱廊套间彼此紧邻，但实际上各抱地势、彼此独立。高低错落的建筑之间大多以楼梯和廊道相连。

第三部分是西北部的多立克神庙、希腊剧场或北剧场（图 19：1）、角力场或北遗址群（图 19：2）、宁芙殿（图 19：3）、潭蓓柱廊（图 19：3）、图书馆下层柱廊（图 19：4）、图书馆上层柱廊（图 19：5），后三者或被统一称为“东露台”。

多立克神庙耸立在别墅最西端的悬崖之上，周围筑一圈半圆形的围墙，半圆的弦部便是崖畔。这种高踞崖畔的宗教景观可能是在模仿小亚细亚西南奈德斯的神庙岬，那里的神庙便是一座露天的圆形建筑，根据记载，建筑内供奉有古典时期著名的希腊雕塑家普拉克西特列斯制作的阿芙洛狄忒雕塑。

希腊剧场在神庙东边稍高一些的山腰上，现在只能见到曾供演员粉墨登场的舞台、曾座无虚席的看台，以及圆顶的地下室。在 18 世纪皮拉内西的记录中还能看到剧场西边的一个方形院落，但今天已难觅其踪。剧场的轴线方向正好是东西向，想必在午后演出之时，阳光便是最恰如其分的“舞美灯光”，给予观众在观感和体感上的双重舒适。剧场西北约 300 米处有一个沼泽，18 世纪在这里发现了大量大理石。

神庙东北面地势较低处有一片断柱残砖，依稀可以辨认有若干座不同平面的建筑，荒烟蔓草中，它们的真实用途已无人得知，因而再度充满争议，是军事用地或是角斗场地，莫衷一是。

东露台和周围的景观在空间上明显分成南北两区。南区近似 U 形，在图书馆以西、皇帝餐室以南，东边有楼梯通往多立克神庙。北区的地势略低，延伸于东观景楼和多立克神庙之间，俯临潭蓓谷（或称东谷）之上。

第四部分是西南部的哲人厅或后殿厅（图 19：17）、双回廊或东—西露台（图 19：16）、冬宫或柱廊水池建筑（图 19：22）、体育场花园（图 19：21）、拱廊餐厅或娱乐场（图 19：20）、仆役所或方形围廊（图 19：23）等。东—西露台长达 230 米，侧面有散步廊，皇帝家族和贵族们在宽敞的露台漫步，放眼望去便是西谷的景致，诗情画意想必油然而生。但在他们目光不能及的近处，就在露台之下，是一个与露台的宏伟相匹配的大型仆役所，忙碌而低微的人们便在此垒筑着奢华生活的基石。露台南面是形成交叉十字形布局的拱廊餐厅、体育场花园和冬宫，这组建筑在地势上傲然凌驾于其他建筑之上，它们的地位以及所匹配的主人不言而喻。

第五部分是南部的中央门厅（图 19：25）、大浴场（图 19：26）、小浴场（图 19：24）、中央仆役所、别墅观景台或空中花园（图 19：27）、“坎诺帕斯”或景观餐厅和景观运河（图 19：28）。这部分的建筑几乎都遵循着一致的轴线，只有中央仆役所和别墅观景台轻微偏离。门厅气势宏伟，且有复杂的地下设施和通道，但毁坏严重。两座浴场与门厅组成一个 T 字形的建筑群，却高下错落，不在同一地面水平上。浴场开在门厅之侧，很符合罗马人登门造访时先洗浴后用餐的生活习俗。大浴场北边高出来的地面经平整后还修了一个健身场。门厅之南，地势高抬，西南踞于西谷之上，东南临于坎诺帕斯之顶。

第六部分是东南部的“罗卡布鲁纳”（图 19：29）、研究院（图 19：30）和阿波罗神庙（图 19：31）。“罗卡布鲁纳”的得名可能与别墅之侧同名的小溪有关。研究院则是典型的希腊式建筑。

第七部分是东面高地的拉丁剧场或南剧场（图 19：32）、“亡者之地”（图 19：33）、“地下大梯形区”（图 19：34）、陵墓或圆形建筑（图 19：35）、普鲁托神庙（图 19：36）。从南边的别墅观景台开始，地势向“大梯形区”一路缓升，然后几乎水平地延伸到南边的废墟，之后陡然向南下降，高差约有 370 米。此处剧场可能是“拉丁式”的，有别于别墅西北角的希腊剧场，这里的舞台以及观众席顶部的圆形神殿仍然保存得很好。圆形建筑也被人怀疑是陵墓，因为它的造型与罗马城中的朱利亚王朝墓葬和安东尼王朝墓葬类似，迄今仍存核心结构。“地下大梯形区”虽然保存得很好，却随时有坍塌的风险，现在已无法进入。它与穿过别墅的地下主干线相连接，并延伸出通往别墅南部的支道。关于这个神秘区域，历来有不同的推测，后文在关于地下通道的部分将会再详述。

第八部分是东北角的黄金广场或水景庭院（图 19：15）、竞技场。这个部分的轴线为西北—东南走向。广场的修建晚于宫殿和周围的建筑物，可能与宫墙大致同时，地势较宫殿区高。地下干道在这个区域东部边缘分出一支东南穿过门厅之下的支道。越过干道，地面陡峭地回落到东谷的地面。竞技场在广场的北面。从广场向西到图书馆，沿着界墙、廊道徐徐而行，身在其中的人能够体验到一个水景、花园、艺术品和建筑的世界。与之形成对比的是东北高墙外，就是提布尔山谷的雄奇景观。人工的精心雕琢与自然的鬼斧神工仅一墙之隔，轻易便可尽赏天人之美。在不同学者绘制的哈德良遗址平面图中，黄金广场无一例外都茕茕孑立于整个建筑群外，但这可能是由于它南边和西边都尚未发掘的缘故，东面的建筑遗迹性质也还不清楚。

恍如穿越时间的飞鸟，我们俯瞰了哈德良别墅点缀于群山溪谷间的建筑和景观。别墅的设计师如此着意强调各个建筑群的独特性和审美性，放弃了经营建筑群之间的合理联系，几乎不在建筑群间设置隔断墙。别墅中，独栋建筑比比皆是，大多在周围都有自己的空地。这些建筑物的外观和性质既来自它们的平面和高度，也来自让它们“和而不同”的设计理念。设计师的天赋才情和骄傲自矜也在这些凝固的实体中流露，很难想象，若非是有永不枯竭的灵感，若非是有把握全局的自信，若非是有严谨精细的技术和能力，怎能经营工程耗时长久、占地广阔的万千宫室宛如随意布下棋子，产生视觉上如此“和谐的冲突”。鉴于自然地势的高低不同，建筑师在做整体设计时，利用了不同高度的平台来解决高差问题。这些平台基本都不规则，大部分都是开放式的，只有少数区域的平台带有围廊。别墅内有一些专门起到观景作用的阁楼。在别墅东部和研究院，朝着东西峡谷各有一座阁楼。其他独立的功能建筑在高低错落的平台上矗立，其间以楼梯相连。别墅中，各种建筑平面形状各异，假如从上空俯瞰，方形、长方形、圆形、半圆形、曲尺形、多边形等各种几何形状共处于同一个视觉画面中，虽不规整，却不凌乱，冲突感在精心设计之下如同巧妙的拼图一般和谐。

海岛别庄

除了旧有的共和国末期建筑，海岛别庄是修建年代最早的，118 年一开始动工就是在此处。在地理位置上，它也处于整座建筑群的最中心，设计别出心裁。

它的最外围是一圈圆形柱廊，北面突出一个长方形的餐厅，南面则是一个小凹室。柱廊内挖池灌水，这个环形水池构成人工之“海”，“海”中再建别庄。

别庄的面积约510平方米，中央小亭的四周装点着高低起伏的回廊、形状各异的房间。北边是由半圆形柱廊围成的露天座谈间。西边是小型浴场，设有温水浴室和冷水浴室，从冷水浴室可以通过台阶直接踏入环形水池中，因此也有人推测这“海”实际上是个游泳池。东边是图书馆和餐厅，其间有新月形柱廊相连。南边的正中是会客室，两侧分别是主卧室和客人的卧室，都配有独立卫生间。别庄内的房间都被设计成了不同的几何形状，经组合之后，仍会在圆形岛屿的边缘产生很多零碎的空间，建筑师便巧妙地在房间两两相交处点缀以壁龛或别室，使之完美契合圆岛的外轮廓线，宛如一体。壁龛内饰以雕塑或喷泉，别室则用作卫生间等，兼顾了美观与实用。

从中央小亭外眺，绣闼雕甍，廊腰缦回，偶有波光闪烁，或是更远处的景色尽收眼底；而从柱廊隔水相望，檐牙相啄，高低冥迷。这种景观设置与古罗马和古希腊的传统大相径庭，有学者推测很可能是来自东方，却与罗马的建筑技术巧妙融合为一体（图22）。

图22　海岛别庄

小浴场

罗马人对洗浴有着非同寻常的爱好。共和国开始，贵族的私人宅邸中就根据个人喜好设有各种类型的浴室。在西塞罗写给妻子的信件中，还有关于别墅内的热水浴室中冷水盆的使用说明。小普林尼在信件中也不无得意地介绍了自己别墅中的浴室：

> ……再过去是一间大而宽敞的冷水浴室，这里有两个弯曲成圆形的浴池，因为离海很近，显得足够大。相连的是膏油室、火房和暖水室。还有两个小浴室，装潢精美但不奢华。然后是一个温水浴池，设计得别有韵致，在此间畅游的同时，又能望见大海。

共和国末期到帝国时期甚至出现了很多综合性的大型公共浴场，将健身房、演讲室、图书馆、音乐厅、花园等尽揽其中，成为消磨时光的休闲好去处。

哈德良别墅自然也不能缺少浴室。小浴场是整座遗址群中保存最好的一处。当看到炉房遗址与遍布墙体、地板的管道遗迹，这些经时光之劫后的幸存者，这座建筑的功能已经不言而喻。小浴场紧邻门厅西侧，墙面覆盖大理石，地板精心镶嵌马赛克，它的位置和装饰工艺都提示着这里极有可能是供客人使用的，在用餐前可以先到小浴场冲洗干净一路的仆仆风尘，如此才能神清气爽地迎接之后的宴席和社交。到别人家做客时先洗浴，再用餐，这在今天看起来不可思议，对古罗马人来说却似乎是一种比较普遍的社交礼仪。因为在小普林尼描述其舅父在维苏威火山中的遇难经过时，提及他前往斯塔比亚解救被困的庞珀尼阿努斯一家，到达之后也是先去洗浴、再用晚餐。

罗马人对洗浴非常讲究，有一套复杂的流程。一般来说，首先到更衣室更换衣物，然后到浴场自带的体育场内进行运动，充分活动之后，大汗淋漓地进入温水浴室，接着到热水浴室，如果希望多出些汗，还能到发汗室内“蒸桑拿”，之后再折回温水浴室用“香波”洗浴。根据老普林尼的《自然史》记载，这是一种从德意志人那里进口的类似肥皂的物品，用羊油脂和山毛榉或榆树灰制成。接着，有的人还会跳进冷水浴池中增强体质。最后是到膏油室用橄榄制成的油或膏涂抹全身，再以刮垢器刮去。当然，这并不是通则性的顺序，洗浴者完全可以根据自己的喜好调整，甚至还有别出心裁的创新。

苏维托尼乌斯提及身体虚弱的奥古斯都利用适当的洗浴以增强体魄。

> 不论怎么说，反正他通过精心照料，弥补了身体的虚弱，特别是利用适当的沐浴。他通常烤着火涂油或发汗，再用温水或被阳光晒温的水浸洗。不过，当他不得不用热盐水或硫黄水治疗风湿病时，他喜欢坐在一个木制的浴椅上（他按西班牙语称它为杜里塔），一次次地把手和脚浸到水里去。
>
> ——《罗马十二帝王传·神圣的奥古斯都传》[1]

在《罗马十二帝王传》中，也提及奢侈无度的卡利古拉甚至用热或冷的香油洗澡。

小浴场在不到2000平方米的面积内设置了近20个房间，其间交错连通。根据洗澡的通常次序、炉房和管道的情况，大致可以推测各个房间的功能：入口在西北角，进来后经过柱廊和门厅，然后是更衣室、蒸汽室、膏油室、热水浴室、冷水浴室。西边的一个长方形房间带有穹顶和天窗，可能是日光浴室，也可能是蒸汽浴室。此外还有游泳池、锅炉房、水源房。各个房间都有入口相连，四通八达的空间使得洗浴的次序可以自由选择。东南部的正中是一个八边形的房间，比其他房间更显高敞，穹顶高悬，墙上的高窗和屋顶的天窗使得室内光线通透，十分明亮，可能有比较特殊的功能。

1　[古罗马]苏维托尼乌斯:《罗马十二帝王传》(第二卷)，张竹明、王乃新、蒋平译，商务印书馆，1995年，第96页。

宫　殿

“皇帝宫殿”是现代名称，因为它的布局与罗马城内帕拉蒂诺山上的奥古斯塔纳宫相似，系在公元前 2 世纪晚期或公元前 1 世纪早期的旧别墅基础上扩建而成。最北面的柱廊有通道向下与图书馆相连。柱廊南边的建筑群分为东、中、西三区，这与罗马的宫殿完全一致。

东区的北部有若干个带有坐厕的房间，暂未经发掘，其东、南两侧分别是通往宫殿上层花园和外部柱廊庭院的楼梯。

中区应当是行政区。最北部是由共和国旧宅的门厅改建成的柱廊庭院。穿过庭院往南走，共和国时期客厅被改造成了哈德良的私人书房。书房内，三面墙上开有 9 个壁龛，后墙正中的弧形壁龛内可能放置了密涅瓦或其他著名作家的雕塑，另外 8 个矩形壁龛内设置搁板用来放书，读者可以通过环绕三面的台阶登入壁龛取放书籍。书房的东边是“面具马赛克房间”，再东边是“半人马怪马赛克餐室”，西边是侧室。穿过书房往南走，是一间矩形的“会堂”，一侧墙壁上的矩形凹室和半圆形壁龛增加了空间的纵深感，但总体面积还是比较小，似乎无法作为正式的朝觐室使用，应该只能容纳少数亲密官员的来访。会堂东边有楼梯通往一条马赛克拱顶的地下通道。会堂的南边是原先共和国别墅的柱廊庭院，东侧有一排 8 个小卧室，门都朝庭院打开，可能供官员办公之用。行政区的最南边是一栋半穹顶的建筑和一个露天庭院，东侧和西南侧分别有走廊通向黄金广场和柱廊套间，南侧是半圆形的水池和水神殿。这片水景被处理成类似“剧场”的形态，“舞台”的位置对称布置着两对长条形和椭圆形水池，“布景”是带有列柱廊的墙体，“乐池”是 5 条放射状的水流，“观众席”长满了萋萋芳草。列柱廊墙体的北端，也就是“舞台”和“背景”的背面正对“观众席”的位置，是一个巨大的半穹顶建筑，就像凌驾在“剧场”上空俯瞰一切的“包厢”。当哈德良处理完政务，或许会顺道踱步至此，用一种洞察一切的眼光欣赏着各种形态水体的“演出”，既有明澈如镜的水池，也有潺潺淙淙的水流，一静一动，骀荡万千。

西区是居住区。北部有若干个未发掘的面积大小不同的房间，根据布局看，东边的一组房间应该是卧室套房，中间是较大的弧曲长方形房间，两侧各对称式布置两个小房间，罗马城帕拉蒂诺山的奥古斯都宅邸中也有类似的套房，用作皇帝奥古斯都和皇后莉维亚的寝室。西区的中部是宽敞的长方形露天区域，未有任何可供后人推想其原貌的线索，但根据古罗马建筑的传统，这里很可能是一座花园。花园的西南角是半圆形的夏季餐室，采用了水神殿与餐厅相结合的形式，在半穹顶笼罩的空间下，餐椅沿着半圆形走向的墙体安置，餐椅与墙体之间隔着同样是半圆形的水池，墙体上设有 7 个形状大小各异的壁龛，其中一个壁龛实际是一个辅助性房间的入口，其他的龛内应陈列有雕塑。餐厅完全是开放式的，如此在夏天用餐时，脚下是水流潺湲，眼前是花木扶疏，微风习习穿堂而过，带来山间海上惬意的味道与清凉。餐室东边也是一组类似卧室的套房，这部分也是从共和国旧别墅改建而来的，西南角可通往柱廊套间。这组套房再东边则是一个狭长的露天院子。

由于受到老别墅布局的影响，这部分的建筑设计比较中规中矩，不像海岛别庄般将多种几何平面巧妙地拆解、组合，充满灵动的设计感。这里更加的规整、庄重而且古朴，少有曲线造型的单体建筑，空间形态也多为线性设计，和小浴场四通八达的设计也大相径庭。

宫殿是最能体现这座别墅性质的区域。因为有行政区的存在，这里不单是皇帝流连山水、一意避世之处，也是皇帝执行职责之地。皇帝在此倾听元老们关于税收的汇报，在此思考行省间的纠纷，等等。

冬宫、体育场花园和拱廊餐厅

这组建筑群位于别墅的中部偏南。根据布洛赫的研究结果，冬宫和拱廊餐厅里分别发现了 123 年和 126 年的砖戳记，这表明它们应是建于哈德良第一次巡行归来前后，基亚佩塔认为冬宫里的柱廊水池是整组建筑群中最晚修建的部分。至于体育场花园，虽然没在这儿发现任何带有纪年的砖戳记，但它刚好紧紧嵌在冬宫和拱廊餐厅之间，按常理推断应当也建于同一时间段。

虽然由于建筑群内部存在高差以及隔离设施，人们习惯性地将这组建筑群分成三个部分并各自赋予名称，但还是明显能看出它们在设计之初应该是被作为同一组建筑来整体考虑的。建筑整体地势顺应山体的坡度由西向东逐渐降低，冬宫西面的房间在制高点上。体育场花园既是连接冬宫与拱廊餐厅的通道，又设置了美丽的景观，花园的南北两侧并无其他建筑，也巧妙地处理了这两个景观“缺口”，处处可见设计师对于完美景观的极致追求。

冬宫过去也被称为“带鱼池的建筑”，现在的这个名字源于西半部的大多数房间都配备有供暖设施且装饰豪华，因此很有可能是哈德良皇帝冬季起居之处。宫殿分为三层：西半部的一、二层是高阔的餐厅，三层朝向体育场花园一侧有会客厅，南侧则是哈德良的书房和卧室。有学者甚至认为这些房间中设置有排气炉一类的“冷气”设施，因此在暑天炎热时也能感觉清凉，实际上四季都宜居。东半部的三层是四周环以柱廊的水池，过去曾被认为是“鱼池”，但由于柱廊和水池之间有一圈凹陷，人其实根本无法靠近水池，因此这里很有可能就是纯粹的一片水景，制造着天光云影的灵动感，可远观不可近玩。二层是仆役的走廊和房间。底层是一圈通道，地面铺砌大理石，墙上的40个高窗投射进来足够的光线，基亚佩塔认为这里是皇帝在雨天或酷晒时散步的好去处，但也有学者认为这里只是通往西半部底层餐厅、三层会客厅以及其他区域的快速通道。

体育场花园北端有一组房间和走廊，房间的功能与警卫和服务有关，走廊通往东—西露台、海岛别庄和浴场。往南则是周围环绕柱廊的露天花园和喷泉，由此再穿过一个柱廊庭院，便到了最南端的餐厅。

拱廊餐厅分为东、西两部分。东半部的建筑形式在整个别墅中显得很特别，都是混凝土结构、平顶，地下精心设置了供暖系统，管道直通往暖炉房，这里可能也是冬季的常用空间。中央的长方形带半圆间大厅可能就是餐厅。

这个餐厅与宫殿内的一样，也是开放式的，北边可望向花园，南边是半圆形的水池、水神殿和小喷泉。花园内可能偶有节目上演，皇帝在冬宫底层的视线最佳处观看，客人们也能从敞开的餐厅内欣赏，有时可能在餐厅和半圆水池间也安排一些小型的表演，这样使得所有人都能从各个角度享受到一场活色生香的盛宴。但是麦克·唐纳、基亚佩塔等学者有不同的意见，认为它极有可能就是客人们赴宴前的等候大厅，因为这幢建筑紧邻门厅和主干道，是进入别墅的客人们的必经之途，而海岛别庄作为哈德良的私人住所不会允许太多人进入，所以这座大厅是除别庄之外别墅中唯一能容纳大量宾客的地方。拱廊餐厅西半部的中间是长方形的露天庭院，东、南、西三面各一道半圆柱廊，廊内都安置有喷泉，北面是喷泉蓄水池，两侧各是入口柱廊。

冬宫、体育场花园和拱廊餐厅这组建筑群展现了设计师处理地势高差问题时的匠心独运，并非简单地如梯田般由楼梯生硬地相连，而是通过建筑底部的平台和建筑本身的高度在视觉效果上巧妙地弱化了高差的存在。譬如冬宫的餐厅朝向体育场花园的一侧，从窗户可观望到花园内的景象，却不易察觉两者之间存在着 18 米的高差。再譬如建筑群东西向的轴线上有视线上的联系，彼此能相互观望，但却无法通行，只能绕到侧廊拐角处一些隐蔽的楼梯上下来往。

黄金广场

通过宫殿东边的一条道路可到达这个广场，它紧邻东峡谷，与其他的建筑之间略保持了一些距离。这里既有双重柱廊的庭院、花木掩映的水池，又有规整的建筑、蜿蜒的柱廊、宏伟的厅堂、华丽的装饰，在集中式的空间内展现了高超的理水造园手法，不同形态的水景呈现着明暗动静的变化，驰情入幻、移步换景。

经由走廊首先到达的是门厅。从外观看，是个十六边形；而从内部看，顶上有着巨大的穹顶，壁面上矩形和半圆形壁龛交替，以一种先声夺人的宏伟感强调了接下来要进入的空间的重要性。门厅两侧紧贴着广场外墙对称地分布着一对十字形座谈间，东北角还有一个小侧室。

穿过门厅，便进入了广场。这是一个由科林斯柱式双重柱廊围合的方形院落，面积超过3000平方米。柱廊起到通道的作用，使得通行者无惧风吹日晒。而玛丽娜·德·弗兰切斯基尼却认为，双重柱廊的外侧柱廊不仅是通道，更可能是哈德良的私人图书馆，廊道旁墙面上的壁龛内可以放置搁板，书籍就陈列在此。虽然此前未曾发现过将狭长走道用作图书馆的先例，但由于这两条外侧柱廊的地面都使用了镶嵌式工艺，不同于寻常的廊道，所以她的推测也不无道理。院落中央是狭长的水池，池底铺设着在阳光下闪闪发光的白色大理石，越发显得水色潋滟；池畔原本应该交错种植有茂密的灌木与乔木，现在仅余下一些树坑和腐殖堆积。

当置身广场，目光很容易便被南边尽头处的大厅吸引。这个由凹凸的曲线柱廊交替组成的大厅，嵌在方形的建筑群中，因其与众不同的形状和体量轻而易举地撷取了所有的注意力。大厅内部，四角的半圆形壁龛和中央都装设了喷泉水池，四角还装点着雕塑，水池前还有长椅。南部顶端为一个弧形的水神殿，水瀑飞珠溅玉、琤玐作响。这里可能是一个夏季宴会厅：中央是主厅，最重要的客人能来到这里享受盛宴；四角是小餐厅，用来招待重要性略低的客人。院落周围的双重柱廊，可以起到分流不同层次客人的作用，靠近花园的柱廊将尊贵的客人引至主厅，而外侧的柱廊则将其他客人引至旁边的小餐厅。大厅两侧的房间布局几乎完全对称，分别是环绕在天井庭院周围的一组房间。

拉克博认为这个大厅应该是露天的，因为根据推算，底部的柱子不足以支撑规模这么大的穹顶。但是，反对者提出了四个有力的理由：一是人们通常认为这个大厅是一个宴会厅，盛筵的衣香鬓影、醇酒佳肴如何能容忍一旦天气变糟的狼狈；二是厅内的地面铺着华丽的镶嵌画，这些艺术品十分珍贵，一般来说不会任其在露天环境中日晒雨淋；三是帝国的建筑师们在规划空间时，一般不会出现三重连续的露天空间，大厅两翼的小天井就是露天的，所以大厅不太可能是露天的，更不会在穿过露天花园后又进入一个露天的空间；四是从审美习惯和结构的合理性而言，大厅蜿蜒起伏的柱廊之上明显应当还支撑着某种顶部。因此，学者们大都还是认为这个大厅也是有顶的，奥菲杰玛甚至提出大厅顶部是混凝土穹顶，因为不仅是厅内的柱子起到支撑效果，四角的卫生间和喷泉处的柱墩也足以承受穹顶产生的侧推力。汉森则认为顶部可能是八瓣式穹顶，就像小浴场一样。另外，也存在屋顶由轻质材料建成的可能。

坎诺帕斯

“坎诺帕斯”（Canopus）一词来自埃及。它在尼罗河三角洲的西岸，与西边的亚历山大里亚之间由运河相连，是一个集宗教与娱乐为一体的城镇，城内有希腊化埃及神塞拉匹斯的神庙，同时还融合了伊西斯女神、美少年阿多尼斯、尼罗河神、酒神狄俄尼索斯等崇拜。在古罗马时期，医疗有两种体系，一套是早期西医体系，一套是信仰医疗体系，患者常常同时求助于两种体系以达到治愈疾病的效果。坎诺帕斯就是一个信仰医疗的中心。同时，这里也聚集着日夜饮酒作乐的男女老少。

别墅中这个以“坎诺帕斯”命名的区域通常被认为与安提诺乌斯有关。从为他制作的雕像看，这是一位俊美的少年。130 年在陪伴哈德良巡行埃及时，在尼罗河溺水而亡。因此很多学者都认为这片与埃及城镇同名的区域是意有所指，很可能与哈德良对安提诺乌斯的纪念有关。持这种看法的学者，如青柳正规、斯帕提阿努斯等，基本都认为这片区域修建于 130 年，也就是安提诺乌斯溺亡以后。

而麦克·唐纳独树一帜地认为，这里修建于 130 年以前，与安提诺乌斯并没有任何关系，甚至可能原本就不叫“坎诺帕斯”，而是后代学者的张冠李戴。他进一步阐释道，别墅的命名习惯中，如果要用地名，往往是与希腊尤其是雅典的地名有关。他的观点或许不无道理，但关于命名的问题，传统习惯对于哈德良这样一位爱好广泛、善于革新并走遍帝国大好河山的人来说，并非不可打破，譬如史籍留下的记载中，他就对当时还不甚流行的穹顶建筑青眼有加，他除了是众所周知的希腊文化爱好者以外，对埃及文化的推崇也不容忽视，至少在别墅的各个区域，都散布着来自埃及的艺术作品。而且哈德良在以希腊地名称呼别墅中的某个区域时，也并不照搬其原来的形式，而是略加变更。

后来索查·卡利提出了一个折中的说法，他认为这个区域始建于126—128年，原本可能另有所用，但修建的时间早于安提诺乌斯的死亡时间，不过这不代表否定两者间存在联系。哈德良皇帝完全可以在130年安提诺乌斯死后，放弃这片区域原本的称呼，而将之改成寄托哀思的场所。

“玫瑰不叫玫瑰，亦无损其芬芳。”莎翁之语对于这片区域也同样适用。这是别墅中水景设计最出色的一处，也是今天的遗址公园最吸引游客流连之处。它在别墅的东南角，自然地势加以人工的修整，就像一个小小峡谷，几乎是一处独立的存在。

坎诺帕斯中心有一片121.4米长、18.6米宽的长方形水域，两端弧曲。水池周边绕以柱廊。（图23）北岸的柱廊顺应水池呈半圆形，交替使用额

图23　坎诺帕斯的水池

枋和拱券，每一个拱券下都立着一尊雕塑，对称布置，最内是尼罗河神与台伯河神，外侧分别是斯芬克斯和赫尔墨斯，在外侧是阿瑞斯和亚马孙女战士。这些雕塑的布置自有其用意，遵守了“均衡”的原则，每组雕塑在位置、性质和造型上都一一对应，来自希腊、罗马、埃及和小亚细亚等不同地域的神祇与传说在此同时出现，传达了哈德良对于文化统一与融合的理念。东岸的柱廊有双排，原先应有屋顶，供皇帝及其随从通行之用；西岸的柱廊只有单排，中间有四根女像柱、两根男像柱。女像柱明显是对雅典卫城的伊瑞克提翁神庙的复制。在希腊传统柱式中，这是一种独特的设计，据说来自著名的古希腊艺术家菲迪亚斯。在维特鲁威的《建筑十书》的“第一书”中说明了这种柱子的来历：

> 例如有人在建筑物中建立了身裹长袍的大理石女像以取代柱子，即所谓女像柱，在它的上面放置了挑檐托块和挑檐，那么关于对此的询问，就要回答理由吧！据说珀罗庞涅西斯的一个城邦卡里亚与希腊为敌而与波斯和好。后来希腊人以辉煌的胜利结束战争，于是召开市民大会对卡里亚人宣战。这样，希腊人便占据城堡，杀戮男人，焚毁城邦，掳去卡里亚人的妻子作为奴隶，不准这些妇女穿戴盛装和女性服饰。这样，她们不仅被押解到凯旋的行列里，而且还沦为永受凌辱的奴隶形象，以代城邦偿还惩罚。因此，当时的建筑师们为使传说的卡里亚人获罪受惩传留后世，便在公共建筑物里设计了她们负荷重载的形象。[1]

若果真如他所说，这种优美的造型背后则是卡里亚人惨痛的记忆与屈辱。（彩图 16）

水池的南岸还有一个长方形小水池，半插入南端的建筑内，是两者之

1 ［古罗马］维特鲁威：《建筑十书》，高履泰译，知识产权出版社，2001 年，第 5 页。

间的连接点。水池两端各有一尊锡拉（Scylla）的雕塑，据说是意大利半岛和西西里之间的海峡里的海妖。

南端的建筑应是宴会厅，据说最多时总共可以容纳420人同时就餐，可以想见这是一场多大规模的盛宴。（彩图15）建筑师在景观设计时，用两侧的高地限制了目光的偏移，因此在宴会厅中，视线的方向只能集中锁定在室内到湖的纵长轴线上，这也是主人、客人们前来赴宴的唯一方向。主厅是半圆形的，由七瓣球面和三角面交替组成半穹窿顶，北端突出5米左右的筒形拱，覆盖着通过主厅的一段廊道，另一端架在廊道外侧的四根柱子上。这里是哈德良和最重要的客人用餐之处，尽管跨度只有约13米，但由于两侧的房间有意压缩高度，这样便把主厅衬托得异常宏伟。主厅南端的正中是一条狭长的廊道，即所谓“洞穴”。主厅的两侧沿着半圆形的墙体设置8个壁龛，龛内交错安置喷泉与雕塑。雕塑中可能有波吕斐摩斯，他是海神波塞冬和托俄萨的儿子，名字的含义是“充满歌曲与传奇”，在《奥德赛》中原本是一位食人的野蛮巨人，但后来在古典时期作家们的笔下，常常与宁芙女神加勒提阿联系在一起，这也是他的雕塑常常出现在水神殿与餐厅这类复合建筑中的缘故。喷泉水经过地板上的沟槽流到水池中，虽在室内，却宛若置身溪涧之畔。

半圆形主厅的两侧是嵌入山体的辅助性房间。东翼的房间沿着半圆大厅的外墙呈锯齿状布置，包括通向高处花园的楼梯间，能直接进入“洞穴”的房间。西翼则是沿着主厅与“洞穴”的地下通道。

主厅的北侧是一组倒“凹”字形的建筑，两翼房间以长方形小水池为中点，轴对称布置，应该是两个招待次要客人的餐厅，配备有休息室和卫生间。西侧有通往研究院的“之”字形阶梯。

20世纪60年代，考古学家们曾在宴会厅内发现橘黄色、绿色、深蓝色的不规则玻璃马赛克，很可能是穹顶的装饰。假若推测无误，那么原本的穹顶应当色彩斑斓，阳光从一侧投入，波光流动，光影变化，愈加显得流光溢彩。

坎诺帕斯原本应该精心栽种着各种不同类型的园林植物，但在18世纪时它曾被部分作为葡萄园，后来又种上了柏树，导致现在已难寻最初的植被踪迹，只能知道大概是乔木、灌木或是草地，但却不知确切的树种。很可能与小普林尼的别墅中一些常见的园林植物类似，如黄杨、悬铃木、桑树、柏树、迷迭香、玫瑰等。

坎诺帕斯是整座别墅中最令人印象深刻的去处。如果从西北面缓缓踱来，两边是陡峭的山坡，从站在水边的一尊尊雕塑旁擦肩而过，最终来到精心设计的水景餐厅中。从主餐厅朝外看，潋滟水色、蓊郁花木、典雅艺术、精致建筑合而为一，虽不如尼禄黄金屋奢华，却更显雍容雅致，恐怕会令赴宴的贵宾们流连忘返。

供排水系统

别墅的水源充足，除了观赏的池、湖、喷泉等水景外，还有水渠、水管、水箱等，保障着这宏伟离宫的灌溉与生活用水。

从阿涅内河上游到罗马有四条引水渠，分别是马其奥、克劳狄奥、旧阿尼奥和新阿尼奥。这四条水渠从利波里山经过，比别墅的平均地势高出约 200 米。这四条水渠中最有可能作为别墅水源的是新阿尼奥渠，因为根据弗朗提乌斯《论水道》的记载，它原本由阿涅内河供水，但由于水质浑浊，在图拉真时期改变了水源，提升了水质。但由于新阿尼奥渠距离别墅还有段距离，如果以它为水源，那就意味着要再增加将近 2 千米的水管。麦克·唐纳提出，别墅或许有一条独立的水渠，可能穿过上文提及的四条水渠，也可能有一段的路线与它们平行。水渠应该大部分在地下，到了蒂沃利附近，由于地形的改变，改由与罗马城内类似的高架引水渠输水，从东南面进入别墅，此后分出两条渠道，一条由连拱券支撑，穿过别墅南端，坎诺帕斯南边发现的水渠遗迹可能就是它的分支，而另一条则沿着别墅东面的峡谷向西北方向延伸，随着地形从东南向西北降低、建筑密度增大，分出许多支渠，最终归到复杂的地下管道网络。得益于地形的高低起伏，别墅的水渠系统基本或较少使用压水装置。譬如最南端的水渠，其所在的地势比坎诺帕斯高出 24 米。

麦克·唐纳统计了别墅内的 118 处供水网络节点，包括 6 座洞穴、12 座水神殿、30 个独立喷泉、12 个水池、7 条水渠、6 座浴场、10 个水箱、35 处洗手间，但对厨房、马厩、营房等情况所知甚少。

理水技法

水景是哈德良别墅的主题，静止的水池、跃动的喷泉、奔流的水瀑穿插在建筑、雕塑和花木之间，共同构成了动静结合的画面。

第一种理水技法是水池周边绕以柱廊。在海岛别庄、冬宫、坎诺帕斯等建筑中，设计师都将柱廊环绕在水边或布置在水池两侧，这样既规整了水岸，又使得人活动在其间时，视线可以透过柱间，不受阻碍，柱廊的倒影也在水中制造了新的景致。在坎诺帕斯，柱廊的设计尤其精致考究，由于水域面积较大，交替配以雕塑、女像柱和男像柱，有效地避免了单调和同质化的视觉效果。柱廊外是两侧高耸的斜坡，使得此处如同幽谷。

第二种理水技法是柱廊与水池之间以草地、灌木或乔木相隔。黄金广场、体育场花园和大柱廊都是如此。在这些区域，柱廊主要是作为围合整体建筑的元素，沿着柱廊形成观景或环绕的路径，植物和水池一道成为视觉的焦点。黄金广场的水渠两旁各有两排植物，由于此处的地质构造主要是岩石，土壤层较浅，所以栽种的是根系较浅的草皮或灌木，玫瑰或紫罗兰也是合适的。体育场花园北面的水池低于两旁的种植床，应是掩映在植物之中。植物遮蔽了从两侧柱廊投来的视线，只有在南北向的房间内才能看到水池的存在。大柱廊面积广阔，约 230 × 96 平方米，中央的水池是别墅中最开阔的水域，面积约 100 × 28 平方米，甚至超过了坎帕诺斯的水池，周围应当种有高大的乔木。

第三种理水技法就是无处不在的喷泉，通常与某一开口（如壁龛、窗洞）以及建筑构件限定的“画框”相配。它们通常由一个水盆和喷头组成，由阀门和液压装置控制，喷出的水流或形成水柱，或在空中形成一段弧线，由设计师搭配周边的环境精心设计其动态。大部分喷泉或位于建筑轴线上，或对称地布置在轴线两侧。冬宫的带拱廊建筑，只要身处东西轴线上，无论是在哪一点，都能透过重重门窗或开口看到两个正方形的喷泉；西半部南北两端也都设有喷泉。体育场花园北面餐厅外的三对七边形喷泉分别与窗户相对应。黄金广场中央大厅的四个角落里，四座喷泉向心对称布置，两侧的柱子和顶部的额枋形成了它们的“画框”；大厅中央也有喷泉，其“画框”则是主轴线上的一系列开口。有几处特殊的喷泉呈现出复杂的形状，也没有与建筑的某一开口相对应，如喷泉庭院东面的三座喷泉，其中有一个是花瓣形的。坎诺帕斯水池边上也有一个鳄鱼喷泉。

第四种是剧场式水景的设计。将传统罗马剧场中的观众席置换为草皮，过道置换为水流，水池则是舞台。这种设计在宫殿中部行政区南端的水景中表现得淋漓尽致。

第五种是水神殿水景的设计。在别墅中，大部分水神殿是由人工建筑作为背景，也有以在自然岩石中开凿的洞穴为背景的，多与餐厅相结合。黄金广场、坎诺帕斯、宫殿居住区都属于此类，被当作夏季用餐的场所，一般朝向北面，避免太阳直射，水起到了增加清凉感的作用。小普林尼在信件中所描述的别墅也有类似的设计，可见这是当时比较流行的做法。黄金广场的水神殿交替布置曲线型和直线型的壁龛，水从壁龛涌出，沿墙体倾泻而下，汇聚到下方的弧形水盆中。宫殿居住区的半圆形餐厅中，水也从壁龛流到与墙体有相同圆心的弧形水池中，水池前是有相同曲率的餐椅。坎诺帕斯的餐厅内，后墙上的壁龛仅用于放置雕塑，水则从南面延伸出去的墙体上的壁龛流出，再经由延伸部分的地面回流至餐厅内的弧形水渠中。在后两者中，水神殿已与餐厅彻底融合。另一种是小型水神殿的水景，实际是墙上的壁龛，底端也有一个水盆。海岛别庄、冬宫的带拱廊建筑、体育场花园、小浴场都是这种类型，它们通常位于空旷的场地一端。

第六种是作为边界的细长水渠。体育场花园南部、冬宫的带拱廊建筑、喷泉院都有此类水渠。

植物配置

文献记载和实物证据的双重缺失，使得别墅的植物配置情况相当的模糊，仅能通过地形条件、建筑形态以及其他同时期的文献、绘画等来推测。

蒂沃利到处都是能蓄水的颗粒状浮石，别墅建在石灰华基岩上，土壤条件不太有利于栽种，需要挖掘大型的树坑，填充从别处运来的肥沃土壤后，才能栽种树木，或是放置小型花盆，种植小型植物。

坎诺帕斯发现有种植坑和双耳细颈花瓶。由于双耳细颈花瓶排列紧密，推测其中种植的不是树木，而是灌木树篱。体育场花园有种植床和种植坑，海岛别墅有种植床，黄金广场有巨大的种植坑和石灰华上的覆土层，表明这里曾经有一些树木，而水池两侧的种植床则适合草皮或小型灌木生长。

在别墅中，常春藤或葡萄藤缠绕在树上或柱子上形成绿荫，自然生长的草地应时而绿，花卉装点着无处不在的树篱或草地。皇帝经常活动的地方，如大柱廊、黄金广场、图书馆中庭等处，应该更是花团锦簇。

果树也构成了别墅的另一番风景，普林尼提到的和坎帕尼亚地区的绘画中展现的水果种类有柠檬、石榴、樱桃、李子、梨子、苹果、柑橘等，它们可能成群地簇拥在平台上，或在最北面和最南面形成小树林。这些水果也为宴会或平时的生活提供所需。

如果说在别墅的核心区域的植物配置都是经过精心设计的，那么在别墅的延伸区域，如最北和最南面的区域则更可能是自然生长的树林。对于爱好打猎的哈德良来说，在别墅附近拥有一片这样的区域是必要的。并且它们在某种程度上构成了别墅领域的边界，随着地形起伏，与远处的景观连成一片。

地下系统

在哈德良别墅内，地面以上，宫室万千，景致万千；地面以下，是一个在石灰华内造就的世界，如同镜像般隔着土壤与地上建筑相对应。庞大的地下系统由两条主干道和一些局部的地下通道构成。

两条主干道就像大树虬结的根系，延伸了相当长的距离：

第一条是别墅北入口干道，在到达黄金广场东北角后，开始转为在地下延伸。它与冰库、高处平台的圆形建筑、洞穴相连，直到东边的梯形隧道，总长约有16千米。其中冰库用于储藏冬天的积雪，夏天再取出来给皇帝及其家族成员降温。而梯形隧道是整个地下隧道中最宽敞的部分，高和宽都是5米；关于它的功能，过去有人认为是牲口饲养场，但更可能的是与其南边的音乐厅、大厅一起作为举行宗教仪式的场所。从着墨不多的哈德良生平来看，他对宗教事务有着非同寻常的热情，而梯形隧道有支路与音乐厅和大厅底部相通，音乐厅的顶部有一座圆形圣祠，圣祠前面还有一块平台，可能是主持仪式的地方之一。这样，仪式中的游行便可以在梯形隧道内进行，幽暗的地下空间对于这些通常在夜晚举行的仪式提供了适合的条件。但还存在别的可能：由于这段隧道同时还与别墅南面更广阔的区域相连，而这些区域至今未得到系统的挖掘和研究，因此不确定是不是与其他的功能有关。穿过梯形隧道后，干道继续向东面延伸，其间除了与高处的平台内的两座建筑相连外，与其他建筑都没有联系，也没设置出口。如果确如麦克·唐纳的说法，亦即梯形隧道和高处的平台都具有宗教功能，那么这条地下干道很可能是从别墅外进入这一区域的主要途径。它的路面宽3米，足够让敞篷马车通行，途中又尽量避开建筑密集的区域，直抵目的地。这条主干道的北面入口处还有两条岔道通往角斗场和黄金广场西北边缘，后一条连接了一片迄今尚未发掘的区域，并最终通向别墅的东出口，可能用于运输日常物资。

另一条主干道起始于别墅东南角的研究院。研究院内断续地有几段地下通道与地面相连。西北角的地下通道则通往“罗卡布鲁诺”，沿着该建筑的北缘穿行，在其西北角分出两支岔路——西北方向的一支沿着坎诺帕斯的南缘，西南方向的另一支则继续沿着“罗卡布鲁诺”折向南端的柱廊。关于这条干道的用途，还有很多解释不清的地方，有人提出是作为服务通道，但一来是太宽敞了，二来在地面也有可以通行的路径，而且完全可以绕开尊贵人物们日常使用的道路，三来很难想象花费这么大财力物力在地下挖掘这么长和这么宽的一条通道，却只是为了服务之用。因此很有可能在研究院花园东北角延伸出去的地下通道，也是与梯形隧道相连，并且穿过该区域后向东南方向继续延伸。如果梯形隧道确实具有某种特殊的功能，那么这一切就都很好解释了。

除了这两条主要的干道，其他建筑下面也还有规模较小的地下次干道：

第一条次干道在宫殿的行政区西北面，围成了方形，是共和国晚期的老别墅中原有的隧道，但从原来作为夏季散步的休闲功能，改造成行政区和两排官员住房之间的交通枢纽，分别有楼梯和出口与它们相通。这条次干道的东面伸出一条较窄的“L”形服务通道，经过楼梯与“会堂”后的一个房间相连。

第二条次干道连接了海岛别庄与体育场花园北边，可能是通向海岛别庄浴室下方的锅炉房，可能也能通到暖炉浴场的锅炉房，主要功能是运送燃料。

第三条次干道在冬宫之下，也围合成了四边形，与地面上围绕水池的一圈柱廊位置恰好相对应。这里应是哈德良和重要客人进入餐厅和卧室的通道。冬宫的西面另有一条比较狭窄的地下通道，与二层的两间锅炉房相连，显然是供服务之用，它的出口在西南角，与东边的区域之间有墙体相隔，完全避开了主人和客人们的通道和视线。

第四条次干道从南入口开始，到达大柱廊西面时分出两条支路，一条通往大、小浴场，另一条通往坎帕诺斯的服务区域。这条次干道可能是用于从别墅外运送洗浴所需的物资。如果大柱廊底下的房间是侍从们的居所，那么他们很可能也通过这条次干道到大浴场。

第五条次干道在大浴场东面，与一个蓄水池相连。这座蓄水池是在石灰华中开凿的，由几个大小相近的房间组成，有拱顶。次干道向南通往大浴场东南角的侍从居住区，他们可以通过这条地下通道到达大浴场的健身区，锻炼身体后进行沐浴。另有一条次干道与这条相垂直，与大浴场西面相连，并与海岛别庄和体育场花园之间那条次干道相连，使得运输的物资可以到达大、小浴场和别墅的其他区域。

总而言之，哈德良别墅的地下通道形态各异，或线状，或形成矩形、梯形的环路；功能多样，包括服务性通道、哈德良和客人的步行通道、车行通道、宗教场所（？）、储藏空间等。地上地下相结合，形成了别墅中井然有序的立体交通系统，通过功能、阶层区分了不同身份人群的通行路径。垂直高度上的变化减少了地面的扩张，使得别墅有较为紧凑的布局。而别墅的地形是促使地下系统产生的另一原因，因为地形落差明显，高度上的变化经常需要在岩石中开凿隧道来获得水平上的联系。

别墅的地下空间主要是在石灰华中开凿出来的，部分使用了人工外墙。譬如宫殿行政区、冬宫的方形通道，其中一侧的外墙都是人工建造的。南入口连接大柱廊的次干道，墙体也由人工建造而成，与大柱廊东、南面的房间一起构成上层建设的基础。

地下通道的采光方式包括侧面高窗采光、天窗采光和没有采光。

利用侧面高窗采光的条件是，地下空间一边外侧的平面低于内部的屋顶高度，从而可以在高出的墙体上设置高窗，这样的例子有宫殿行政区和冬宫柱廊水池下面的方形环线，别墅北入口主干道沿着黄金广场西北面的部分。行政区的地下通道利用了柱廊厅和图书馆中庭之间的高差，在墙体上设置了矩形的高窗。冬宫的地下方形环线也是利用水池与柱廊之间的凹陷所形成的高差来设置窗户，它沿着周边的墙体均匀布置 40 个窗洞，窗洞下边缘与拱顶的起脚线对齐，穿过拱顶，断面顺应拱顶的弧度，使得光线在拱顶扩展为漫射光，产生了极具感染力的空间氛围。黄金广场北面的隧道也是将窗户的顶部与拱顶的起脚线对齐。罗马帝国时期，通常以“隐廊”来称呼这种地下通道，据说起源于小普林尼，由拉丁语的“crypta”（地下）和“porticus”（柱廊）组合而成。

运用天窗采光，最典型的是大浴场东面的走道和梯形隧道。在某种程度上，大浴场东面的隧道可以归入隐柱廊地道，虽然侧面没有窗户，但其中一面墙体高于健身场，并可以从地面进入。但它的内部具有不同于隐柱廊地道的光照效果，沿路的顶上均匀设置圆形天窗，在隧道中的行进可以感受到明暗交替的效果。梯形隧道因为整体在地下，天窗便成为唯一的光源，四条总长 840 米的走道上方共分布着 70 多个天窗。两条地下主干道应该也运用了天窗采光，因为它们的两侧都是山体，顶上没有建筑覆盖。

别墅内还有一些除了出入口外不设光源的地下空间，它们在岩石中延伸，顶上覆盖着建筑或花园。这些空间或者是供侍从快速通行的通道，或者是储藏空间，对光照没有太严格的需求。对后者来说，与外界隔绝也能起到保护储藏物资的作用。

室内装饰——雕塑

除了依然立于地面的建筑景观外，室内装饰材料和陈列的艺术品也是哈德良别墅留给世人的瑰宝。可惜的是，正如前面提到的，在漫长的岁月里，哈德良别墅都是狭隘而自私的文物喜好者们的目标。他们将雕塑从原来的位置搬走，将大理石撬下来烧造石灰，将马赛克、壁画从地面和墙面切割下来，变卖或者送给贵族们，供他们装饰自己的住宅和花园——虽然装点了他们的风景，却使得这些艺术品都失去了原生位置的信息。这让研究者们为之扼腕，因为这样一来，就像花离开了枝头，空有美丽，却不知它从何而来，也枯竭了生命。回不去的历史再也无法告诉我们，这些艺术品是以怎样的方式装点在别墅内的哪一处空间中。善于抽丝剥茧的研究者们能从它们的原生状态，通过对照文献、艺术和技法分析、热成像、物理或化学分析等各手段，获取极其丰富的信息。基本信息如制作年代、制作方式，深入一些的如艺术品与空间配置的关系。对于某些难以解释或仅知表面的题材，可能由于所处空间位置的特殊性，能为后人提供解读的灵感；或者反过来，那些我们不确知其功能和名称的建筑空间，可能由于艺术品的存在，根据其题材能推测出建筑空间的原生功能，进而再得知其名称。然后再由这些拓展开去，便能判断别墅以外其他地方出土的但无法确知具体年代和环境信息的类似艺术品的相关情况。可见当它们离开了最初的别墅环境，我们就丧失了整个一系列的可能性，如同失去记忆的老者，再无人知道他童年的欢畅、少年的轻狂、青年的成长与中年的辉煌。

根据麦克·唐纳的推断，别墅中至少曾放置250尊雕塑，后来大部分都流散到欧洲各地的私人手上和博物馆里。这些雕塑的主题不外乎六类：一是皇室成员及密友。迄今未发现蒂沃利别墅内放置的哈德良以前的皇室成员，主要是哈德良及其以后的。包括哈德良像（4尊）、维比娅·萨比娜像（2尊）、安提诺乌斯像（8尊，其中3尊作埃及化装扮）、哈德良以后的皇帝像（16尊，从安东尼诺·皮奥到卡拉卡拉）。二是众神的神像，共37尊，多数属于希腊、罗马神系。三是埃及人和埃及化人物，除了上面提及的3尊埃及化装扮的安提诺乌斯像，还有12尊。四是历史人物和领土相关的形象，约24尊。五是虚构及传说人物，约30尊。六是其他，约60尊。

别墅内出土地点明确的雕塑主要是在坎诺帕斯的大水池内及岸边，共发现了35尊雕塑和马、翅膀等一些可识别的残片，主题与传世品相差无几，包括上述的五类。一是皇家成员2尊：哈德良、朱利娅·东纳；二是神祇9尊：狄奥尼索斯、雅典娜、赫尔墨斯、伊西斯（2尊）、阿匹斯—伊西斯（Apis-Isis）、卜塔（Ptah）、祭司、神圣人物；三是历史人物及领土相关10尊：女像柱（4尊）、台伯河神、尼罗河神、鳄鱼、河神、豹头（2尊）；四是神话与传说人物相关6尊：森林之神西勒努斯（2尊）、亚马孙人（2尊）、萨提尔、海妖锡拉（Scylla）；五是其他4尊：战士、男性人物、儿童的头部、长衫女性人物。如今有部分雕塑已被修复，仍立在水池边的拱券下。

室内装饰——壁画

壁画和灰泥饰是一切室内装饰艺术中最难留存的。这种装饰美丽却脆弱，难以经受风吹日晒以及微生物的损害。尤其意大利近代工业革命以后，由于缺乏环境保护的意识，一些地区曾经遭受过酸雨侵蚀。常常在遗址盘桓的飞鸟也带来了另一重隐患，它们的粪便对古建筑有腐蚀作用。另一种风险来自早期的寻宝者和文物贩子们，他们热衷于随意切割精美的室内装饰。

20世纪20年代的部分写生作品描绘了别墅中的一些壁画，其中很多到现在已不复存在，后人只能对画凭吊。遗址内仍然留存的壁画成为理解过去的锁钥，通过对它们进行细致的分析，理论上可以帮助学者们建立起哈德良别墅中装饰与空间配置的秩序，也就是说，不同功能或位置的空间、不同人群使用的空间中是否有不同的装饰主题，它们之间有着怎样的对应关系。但很遗憾的是，实践总比理论要复杂得多，就像充满变化的建筑风格一样，哈德良别墅绘画装饰的原则实在难以捉摸。大部分建筑（不论是否与皇帝的主要活动空间有关）的墙面和拱顶上装饰着简单的模式化几何图案，其中一些甚至可以归类为“涂鸦”。

大浴场的壁龛内还能看到一些残留的壁画：在浅色背景上以深色宽带描绘出长方形等几何形状，部分长方形框内涂上了与背景不同的颜色。

体育场花园北端的房间中，墙基部分以暗红色、橙黄色、水绿色的线条描绘几何图案。从前人们常常认为，2 世纪时的建筑内，墙基处出现这种类型的装饰，其用意是在模拟不同颜色的大理石。但在此处，这种题材的绘画却描绘在本身就是大理石质的墙基上，这迫使学者们需要做出新的解读，因为假如这样的装饰方式是在模拟大理石，那么它们出现在本身就是大理石质的建筑结构上，似乎有多此一举之嫌。房间的墙面被涂抹成嫩黄色，再以灰蓝色的宽带画出并排的矩形。在色彩搭配上，红黄色调配以蓝绿色调，缓和了色彩之间的对比，又由于每种颜色的明度和饱和度恰到好处，置于同一空间却丝毫不觉得冲突。

冬宫三层柱廊水池旁的交叉拱顶房间中，天花板的壁画依稀还能辨别出是方格样式，每个方格用红、橙和绿色勾线，方格与方格之间用白色宽带分隔开。

某些建筑的墙面或拱顶上大面积地使用重复的几何图案装饰。例如中央仆役所的墙面下部，用红、橙、绿和蓝色线条在淡米黄色的背景上连续描绘长方形、菱形和三角形，其间还夹杂着一些蓝色线条描绘的小型几何纹样。坎诺帕斯的“景观餐室”中，西南室的拱顶也装饰着重复几何形图样的壁画，运用蓝色宽带将黄色背景划分为若干个方形和长方形，方形涂成白色，长方形涂成紫色。白色方形内绘有风格化的植物图案或圆花饰，有些白色方格还镶有黄色圆盘。但这些小细节现在已漫漶不清了。

部分建筑的壁画样式是用双线构图，然后在其间添加类似建筑结构线脚。冬宫柱廊水池建筑的地道中残留了一块壁画，以三条平行的带纹将装饰空间一分为三，底部的宽饰带由重复的蛋形图案组成，中部是一个嵌在长方形中的红色菱格，以蝴蝶结似的外形间隔，顶部则是卵锚饰，整体类似爱奥尼亚柱式的线脚。

室内装饰——粉饰灰泥

灰泥是由骨料、黏合剂和水制成的材料，被润湿后硬化形成致密的固体，常常用作墙壁和天花板的装饰性涂层。在共和国晚期和早期帝国，灰泥尤其被广泛使用在拱顶上，因为它可以自由塑型，能制作出类似大理石的雕塑感，体量却比大理石轻，更适合于拱顶的曲度。哈德良别墅中的粉饰灰泥比起以简单几何纹样为主的壁画来说，是一种繁复却雅致的华丽。

多立克式神庙之下的水神殿的筒形拱顶上也保留有粉饰灰泥层，中心是圆花饰，其外是方框，再外是更大的方框。方框的框架均由交替出现的几何形状和棕榈纹饰构成。

更精美的灰泥饰出现在大浴场。从旧画作中可看到大浴场中一个房间的粉饰灰泥层主要分布在交叉拱顶的拱墩到顶部，由若干道垂直相交的菱格纹样宽带饰划分为若干个方形、梯形或长方形区域。宽带饰两侧有繁复的线脚，其间的菱格中缀以丘比特、卷曲阿拉伯花饰、酒神祭品、海豚和银莲花等，菱格之间有简单的三瓣花纹。方形区域内是圆形框内的半身像。较大面积的区域四角则有卵锚饰。今天在这个房间里抬头看见的顶部，宽带饰只剩狭窄的红色饰边，还有一些零散的黄色圆花饰，其他部分可能都已褪色了。（图 24）

大浴场的另一个圆形房间中，壁龛拱顶的表面装饰着精巧的镀金、蓝色，可能还有黑色的海贝状纹饰，可能原本还有其他色彩，拱墩的位置则绘有一条镀金的叶丛状纹宽饰带，上方是海贝状花环饰带。由皮拉涅西和

图 24　大浴场的灰泥饰遗迹

盖兹两位画家记录下来的画面现在已经全部消失了——曾经，在拱顶两侧，玫瑰花饰从顶部悬垂到壁龛的拱墩，拱顶上还曾经有蓝色海豚和其他形象。根据考古发掘和古代绘画作品传达的经验，壁龛内一般放置有雕塑，由于大壁龛内放置的雕塑体量也大，一般不会轻易更换，因此大型壁龛的装饰题材多与放置的雕塑主题相吻合。在当时，贝壳题材是典型的“百搭款”，可与任何空间、主题搭配。但有一些装饰题材则常与特定的空间搭配，像浴场中最常出现的是维纳斯、英雄、运动员以及海洋题材。罗马帝国时期风行的装饰原则是：私人空间内通常较为素净，像浴场这类公共空间则较豪华。而大浴场的装饰显然比一般的浴场更加奢华。过去有一种观点认为这个大浴场是给别墅中的仆役们使用的，但从造价不菲的装修风格来看，光顾这里的阶层应该更广。

室内装饰——马赛克

马赛克从美索不达米亚经希腊传入罗马之后，在帝国时期成为极受欢迎的地面装饰。马赛克工艺复杂，单是拼砌工序，就需要经验丰富的工匠在动辄几十或上百平方的地面上将一块块细小的、不同色彩和材质的嵌块拼砌组装成复杂而多变的画面，有些复杂的图像需要上百万个镶嵌块。如果是拱顶上的马赛克，由于有弧度的存在，工艺难度更大。即便是今人游戏之用的平面拼图也耗时耗力，可想见其难度，更不用说还有设计、烧造、打磨等其他工序了。所以可想而知，马赛克的造价并不“亲民”，多数只能在公共建筑、商业建筑或富人宅邸内使用——即便是这些场所，也有不少将旧马赛克翻新或改制后继续使用的例子，甚至有些购置“二手房产”的新“业主”选择直接使用旧地面。

贵为皇居，自是华丽。哈德良别墅处处可见马赛克装饰，一般是在地面或拱顶，墙面上也偶或可见，局部位置有翻新或重制过的痕迹。现在有一些马赛克仍留存原址，有一些“精品”则被早期的寻宝者们揭取下来，已辗转流散于欧洲各地。拱顶上镶嵌的马赛克多已毁坏严重，像小浴场的房间 13、17、18 以及坎诺帕斯的景观餐厅都发现了水泥凝结床和马赛克的残块，但原本的面貌已经难以考证。地面上的马赛克通常面积更大，图像更复杂，也更易保存。

从艺术风格推测，可能有几位大师同时承担了别墅内马赛克的设计工作。一种是黑白抽象几何纹的风格，仅用黑白二色，图案为规律排列的简洁抽象的几何纹。这种风格的地面有较强的视觉冲击力，虽是满幅构图，却由于单元图案简练、规律性强，不但不显繁缛，反而有一种别样的低调，与其他类型室内装饰的适配性也较高。柱廊套间的马赛克地面足有 120 平方米，局部曾被重修过。图案沿着房间的对角线满幅配置，以宽窄不一的黑、白二色带饰镶边，画面由黑色锁链纹分隔成若干个方块，沿着锁链纹的弧度设置白色双线，每个方块内各有三个类似羊毛束的尖椭圆形，但方块中的马赛克块在铺砌时不与对角线对齐，而大致沿着房间的横向轴线配置。隔间大厅房间 11 的马赛克也是类似的几何风格：画面最外层是沿黑色双线方框排列的一圈黑色圆圈十字纹，圆与圆的相接处加入了叶子的元素，圆圈中间的十字则被设计成四个纺锤形的辐条。方框内填满连锁圆圈纹，每个圆圈同时与其他六个圆圈相交，相交处为黑色，部分则留白，这使得每个圆圈中间留白的部分看起来像是一个个六角星纹。

另一种风格则精致秀丽，仍以黑白二色为主，以几何纹为边饰，主体纹饰是利用植物和花卉元素的艺术加工，多发现于隔间大厅。除了房间 5 和 8 以外，大多数房间地面的构图都是相似的，中央的方框内是主体纹饰，方框外则填以抽象几何纹。房间 2 的主体纹饰是圆形玫瑰花篮纹、卷叶纹以及风车圆盘纹（早期希腊化时代的图样）。房间 3 的主体纹饰是一朵朵绽放的八瓣菊花纹，花与花之间填以四叶草纹；方框外的三面是白地黑色篮子纹，它们每四个一组向心排列，整齐地成行排列；方框另一面则是各种组合排列的黑色三角纹。房间 6 的地面堪称杰作，色泽明润，侧面图案是黑色网格纹，这在罗马帝国时期常用来代表花园的篱笆，中间方框内的主体纹饰是精心设计的圆花饰与缠枝纹样，花花相映、叶叶相交，缛密却又清丽，蜿蜒流畅的线条似有汩汩生机。房间 10 的地面，外层的三面满布整齐排列的四叶草纹，一面是成排的大半圆套双半圆纹，内层的方框中以四个叶叶相叠的大四叶草纹为主体，其间填以卷叶、花簇。一度曾有学者怀疑地面上这些奇巧相异的设计或有寓意，某些图像题材可能与在这个房间内活动之人的职业相关，譬如房间 3 的花卉和篮子、房间 6 的篱笆边饰可能均与景观园艺师有关，房间 5 的棱柱体和扭绳或简化连结环主题可能代表了精于切割石料和雕琢细节的建筑雕刻师，房间 9 的宽口角花瓶纹和涡轮纹可能代表了理水师，房间 8 的餐桌可能代表着侍膳人员。不过这种推测很快受到质疑。

彩色马赛克地面在哈德良别墅内也很多见。图书馆西北面的小房间可能是一座小神殿，保存有一角棋盘格样式的地板，每格实际上是一个黑白相间的三重方格纹，马赛克嵌块的尺寸比通行规格略小，图案简单，但色彩层次丰富，呈现从红橙色到橙色向内渐变的色泽。图书馆西区的东侧房间内，同样也是以黑、白、红、灰、白间隔的带饰镶边，中间的图像已经无存。居住会堂（Residence basilica）的西面还保存着的一角地面上，从外向内依次为宽窄不一的白、红、白、黑、白、红、白、黄、白色带纹，嵌块均为横铺，其中黑色带纹内饰以黄—红—绿色依次相间的绞带纹，再内应是主体纹饰的一角，仅余斜铺的白色底纹。当然，上述例子仅只是镶边而已，真正精美的是中央的主体图像——以各色马赛克拼出的栩栩如生的静物图或复杂的场景图，它们多已被从前的寻宝者揭取下来，现在分散收藏于各个博物馆。最著名的一幅马赛克图像是在圆厅（Circular Hall）一个朝东北方向开门的房间里发现的，现藏于罗马的卡匹托利尼博物馆，人们常称之为“从盆中饮水的鸽子”，这幅图的蓝本是希腊化艺术家索苏斯的一幅名画，在罗马时期是很受欢迎的室内装饰题材，庞贝城的一户人家就因装饰有相似图像的马赛克而得名“鸽子马赛克之家”。当画作被放到地面上以后，虽然载体改变了，细腻和高超的表现技法却被保留下来，以小镶嵌块精心地拼砌出了原作画面中精致的笔触与阴影，背景为黑、黄二色，白色方石板上放着一个黄铜双耳盆，四只不同颜色的鸽子站在盆沿上，或仰首而立，或回首而视，或回身啄羽，或探头在盆中啜水，画面生动，宛在眼前。梵蒂冈博物馆收藏了大量哈德良别墅的马赛克地面，“三个面具”图应来自居住区域的柱廊，局部曾经过翻修，画面的前景是一个年轻男性的面具、一架里拉琴和一个葡萄酒罐，后面的架子上悬挂着一个女性面具、另一个年轻男性的面具和通常在喜剧里出现的络腮胡父亲面具，画面的色彩以褐色为主，并有黑白二色。另两幅原来应在居住区的会堂中，其中一幅的色彩以褐、黑为主调，地势起伏的山地间，溪流潺潺，草木随意成丛，五只山羊或卧或走或吃草，一位神或神话人物立于一丛树木之下，短卷发、身着图尼卡（Tunica）长衫，一手拎袋（？）、另一手执杖，这是一种当时流行的带宗教隐喻的田园题材的画面。另一幅的色彩更明艳些，以红褐、黄褐色调为主，在山石草木间，一头立起上半身的狮子精准地咬住了一头公牛，另一头健壮的公牛站在不远处紧盯着，似要有所动作。梵蒂冈的藏品中也不乏岁月静好的画面，一幅是飞禽、蝴蝶和水果图，另一幅仅余局部，以写实风格再现了用绿边黄带缠绕的藤蔓植物。德国柏林城市博物馆（Berlin

City Museum）收藏的一幅马赛克图中则充满了危险的气息：画面的近景是老虎趴伏在一位似是受伤或死去的男性半人马上，老虎回头望向另一位高举巨石正要向它砸来的半人马，那位半人马的脚下还躺着一头狮子，微微抬头，似乎也受了重伤；远景的山石和低矮的灌木间，一只豹子弓身立尾——那是一种极具威胁的姿势。从绘画技法看，很可能也受到画家索苏斯的影响。

室内装饰——大理石

大理石也是昂贵的建材，亚平宁半岛的大理石产量和质量不高，直到罗马统一地中海之后，来自地中海其他地区的高质量大理石才源源不断运到这里。甚至在地中海的沉船里也发现了装载的大理石材。北非、爱琴海等地都有著名的大理石采石场，不同产地的大理石材在色泽和纹理上都存在差异，当时的建筑师和顾客们可根据自己的审美品味自由选择，后世的考古工作者们则根据大理石的特性追溯着它们的来源，进而复原那个时代的相关产业链和审美品味。

现在的别墅内，墙上的大理石砌面已所剩无几，但从墙面密布的孔洞（用来固定承载大理石砌面的金属扣针）还有随处可见的成排薄垫片（或它们的水泥装饰床），可料想大理石曾经应是遍布别墅墙面的，当然，还有地面。一般情况下，铺砌在墙面上的大理石板的单块面积要大于铺在地面上的单块大理石板，用以营造室内装饰的整体性。有装修经验的人应该知道，大理石铺在墙上的技术难度要大大高于铺在地上，两千年前亦是如此。有些墙面上还以规律间隔的大理石方柱来制造空间的“韵律感”。

地面的大理石相对保存得更多一些，保存下来的“证物”显示，别墅内的大理石地面大多采用横铺法。拼砌图案有相当简单的重复几何纹，譬如拱廊餐厅东端的方形中室，以单一的菱形大理石块拼砌。体育场花园北边房间也类似。大多数地面则都采用方格构图的原则，有时各个方格连续分布，有时则在方格与方格之间以带饰相隔，最普遍的装饰手法是在单个方块的内部又饰以长方形、三角形和菱形图案，内部饰八边形和圆形的做法则较少见。

小浴场房间 8 残存的一块大理石地面上可以看到用几种不同石材精心拼出的两个方形图案，每个方格内接双重同心圆，方格四角的内外各有一个小正方形，同心圆的内外圈之间饰以连续的星芒纹（或旭日纹）。底纹是灰色和白色大理石，可能来自小亚细亚的卡里亚（在今土耳其）采石场。方格和同心圆外圈的轮廓为红斑岩，方格四角的小方块以及同心圆内圈的轮廓是绿色蛇纹石，产自埃及东部的沙漠。方格与同心圆外圈之间、内圈以内填以“古代黄”大理石，产自北非努米底亚（今阿尔及利亚北部）的肯顿。星芒纹为“古代红”大理石，应当产自希腊最南部的采石场。这小小不足 10 平方米的地面，以石材为媒介，足以让后世学者们窥见帝国时代地中海沿岸往来如梭的物流和人流。

图书馆东区的大理石地面，方格间以带饰相隔，带饰内饰以交错菱格纹和半菱格纹，方格内饰以八边形，色彩变化的节奏相当快，凡相邻的单元图案都以不同的颜色出现。

冬宫的柱廊水池西侧房间发现的大理石地面，方格与方格之间以宽带饰相隔，带饰内是半菱形和菱形的组合，每个方格填以四个向心三角形。石材色彩的明度和锐度都很高，相较而言，其他房间的地面色彩就像图片处理软件中柔化过的效果，而此处就像被锐化过。

视觉效果与照明

哈德良别墅令人惊叹之处，除了前面提及的所有建筑单体的形状均不相同之外，所有房间的室内装饰主题和色彩也各不相同，足见房屋主人的个性化追求，以及建筑师的匠心独运。

保存较好的小浴场，为后人提供了室内整体装饰效果的范例。徜徉在这些房间里，可以感受到每个房间带来的不同视觉感受。房间 1 的曲门廊以红、白二色为主，风格简约大气，墙面铺砌白色大理石，地面上在灰白色的长方形大理石板间嵌以“古代红”色的窄带，拱顶的灰白底色上以红色颜料绘以精致的圆花饰。房间 8 则是红黄色调的明艳风，仰头可见内填圆花饰的红色与橙黄色交错的花格拱顶，地面和墙面铺砌大理石。房间 13 是冷水浴室，华丽无比，地面上连续的方块内均填以菱形，菱形内是类似万字饰的图案，部分是浅粉紫色斑岩，墙面铺砌白色和米色大理石，地上散落着从交叉拱顶脱落的“古代黄”色、灰橙色、绿色蛇纹岩块和红色、淡绿色、灰黄色、明蓝色的玻璃镶嵌块，两个冷水泳池的台阶、水池和墙壁全都用白色大理石镶边。房间 18 是热水或温水浴室，水池、台阶和步道全都覆盖着白色大理石，拱顶上曾经也镶嵌着红蓝二色的玻璃马赛克。房间 11 的墙面和地面均是所谓的“古代黄”，地面经过重修，方格间由包括菱形、三角形和小方块形的纹饰带分开。房间 14 的地面用大块的红、白、黑色八边形大理石铺地。房间 16 可能是膏油室，用较小的不同颜色大理石块铺地，方格内嵌以圆形，方格间以带饰相隔。

在照明设备有限的古代，室内的采光设计成为左右居住环境和生活质量的关键环节。尽可能地利用自然光源应是首要遵循的原则。别墅内如此丰富多变的装饰想必也要在明亮的光线下方能尽显其美。设计师在这方面同样也费尽心思。不同高度和功能的房间搭配以差异化的采光设施。高拱顶且保暖需求不高的房屋一般搭配大窗户，如冷水浴室。有保暖需求的房间如热水浴室使用南向或西南向的窗户。有的房间使用了顶部采光孔，有的房间内对光线的需求强烈，同时用窗户、天窗的形式采光。室内的色彩设计很可能与光线的强弱也有关系。

室内装饰在那个等级森严的时代除了审美的意义之外，也有着政治上“标识”身份的作用。昂贵的、稀缺的总是属于塔尖的人。所以一般来说，皇帝及其“圈子”的活动空间，其室内装饰在用材、设计和工艺等方面都是最顶尖的。换而言之，马赛克拱顶、马赛克地板、大理石墙脚、大理石护墙，这四者间的任意组合出现在某个房间内部，便很可能意味着此处乃皇帝及其随员的活动空间。精心铺砌彩色马赛克地面——尤其是使用了彩色斑岩和紫色系石料的——多是皇帝的活动场所，不过浴场除外。黑白色几何风格的马赛克在帝国各处十分常见，像一般的商铺、公共浴场等处都能使用，这种地面还有大理石地面可能代表着等级略低的空间。

第七章　庞　贝[1]

图 25　庞贝城的街道

公元 79 年，庞贝城和它的一部分居民在火山灰之下陷入长眠。

今天走在当年的街道上，能看见路旁的院落中，树叶红了；从废墟里复活的葡萄园，种满了刚刚采摘过的葡萄藤；某户人家的门口，随意躺着晒太阳的狗儿；仍能看见远处的维苏威火山，看见路尽头蓝色的第勒尼安海，看见天际缓缓落下的太阳，角落悄然生绿的毛茛叶。（图 25）

即便仿佛还能听到餐馆店铺里的叫卖、大街小巷上熙来攘往的

1　本章参考书目：①［英］潘尼洛普·M. 阿里森著：《众城构成的帝国》，郭小凌等译，见格雷格·沃尔夫主编《剑桥插图罗马史》，153—160 页。②［美］戴尔·M. 布朗主编：《庞贝：倏然消失了的城市》，张燕译，华夏出版社，广西人民出版社，2002 年。

市声，芳草萋萋的斗兽场里却无人喝彩，林木成荫的剧场里也无人歌唱，走在白日里已长满青苔的石板路上，那些如模型般的火山灰“空壳”记录着的却是真实发生过的惊恐神情、抗拒却不得不接受灾难到来的姿势，生与死对撞瞬间的冲击，唯有沉默方能致以对受难者的哀悼和对大自然的敬畏。

一座城的生命史

公元前 9 世纪开始，亚平宁半岛的人们所使用的语言开始有迹可循。半岛的语族之杂，就如交织纵横的山脉与水流切割成的地理单元之多。此时那不勒斯海湾之滨的萨尔诺河畔（Sarno）是奥斯坎语的势力范围。这种语言流行于意大利中南部，奥斯基人（奥兰西人 Aurunci 和萨丁西尼人 Sidicini 的合称）和萨谟奈人（Samnite）都在使用。特奥多尔·卡劳斯（Theodor Kraus）认为，“庞贝”（Pompeii）一名有可能就是从奥斯坎语的“五”（pompe）这个单词派生而来，也许此地最初有五个村庄，也或者是得名于该城的缔造家族——庞培家族（Pompeia）。

公元前 7 世纪末，奥斯基人在庞贝建城，城墙由石灰石混合火山灰修筑。城内发现有希腊人、腓尼基人和埃特鲁里亚人的活动痕迹。前两者来自地中海东部，后者来自意大利中部，都以善于经商和开疆拓土而闻名。他们都敏锐地嗅到了坎帕尼亚此地的价值：土壤膏腴，物产丰饶，又有适宜船只停泊的海湾，既是定居的优选，在当时也是地中海与半岛其他区域之间交流的必经中转地。

公元前 425 年到前 375 年间，萨谟奈人控制了坎帕尼亚，庞贝也不例外。萨谟奈人可能是大名鼎鼎的萨宾人的旁系后裔。新的统治者对旧城进行了扩建。萨谟奈人先是协助罗马与北方来的高卢人作战，但不久后由于罗马人对富庶的坎帕尼亚存有觊觎之心，曾经的盟友反目为敌。公元前 343 年到前 290 年，这对旧盟友之间爆发了三次战争，史称“萨谟奈战争”。当时罗马的崛起之势已难阻挡，尽管萨谟奈人联合了高卢人、埃特鲁里亚人和翁布里亚人作战，仍以落败告终。考古学家们恰巧能够观察到庞贝的城墙在这个阶段经过了一次重建，石材是来自萨尔诺河的石灰石。

不甘蛰伏罗马羽翼之下的萨谟奈人将希望寄托于敌人的敌人，在公元前 280—前 275 年、公元前 218—前 201 年分别支援了从希腊伊庇鲁斯和北非迦太基远征而来的皮洛士和汉尼拔的军队。罗马和汉尼拔之间的战争在历史上以“第二次布匿战争”闻名，恰与这次战争同时，庞贝的城墙以采自诺卡拉的石灰华重建。重建后的城较初建城时规模已经大为增长，城墙长约 3.2 千米，围合面积约 0.66 平方千米，大小约 1.5 个天安门广场。但很可惜，萨谟奈人所寄望的两支勇悍队伍最终也未能如愿制止罗马军团开疆拓土的步伐。

从罗马军队和统治者的角度，公元前 1 世纪是凯歌高奏的英雄时代。然而从萨谟奈人及众多不甘屈服者的角度，却是不得不一次次奋力反抗的螳臂当车。公元前 91 年，庞贝城与附近的赫库兰尼姆城都加入了声势浩大的“同盟战争”，与亚平宁半岛上的众多联盟一道掀起了反抗罗马威权的巨浪。这些反罗马力量一度建立了独立的政权，定都于科芬尼乌姆（今阿布鲁佐），并将其更名为意大利卡（Italica），因此该政权也自称为意大利（Italia）。“意大利”的词源历来众说纷纭，其中一种意见认为该词是希腊人从奥斯坎语的“Viteliú”借来的，意为“产犊之地”。公牛是意大利南部的标志，在同盟战争中常被描绘成用角撞伤罗马之狼的形象。

意大利政权在地域上不连续，内部也缺乏统一，罗马更是连连出台相关法令以“罗马公民权”诱使部分地区归顺。公元前 88 年左右，“同盟者”的主力被基本扑灭。此后，独裁者苏拉在庞贝设立了“康奈利亚·维纳利亚·庞贝”殖民地，专门安置他所辖军团的退伍老兵。“康奈利亚”源于苏拉家族的姓氏，“维纳利亚”则派生自家族保护神维纳斯之名。拉丁语成为庞贝的官方语言，庞贝开始使用罗马的度量衡，城市宪法罗马化。随后的几十年，新来到庞贝的罗马人和原来的萨谟奈人、奥斯坎人以及希腊人通婚，新旧居民之间开始逐渐相互接纳、融合。

然而不到 20 年，另一场轰轰烈烈的起义点燃了亚平宁半岛的战火。公元前 73 年，色雷斯人斯巴达克斯带领着六七十位不堪折磨的角斗士和奴隶从庞贝附近的卡普阿逃出，在维苏威山集结，从这里开始攻城略地。后来队伍一度发展到七万多人，在半岛上已算规模庞大了，是后来庞贝城人口高峰期的三倍多。时为前三寡头之一的克拉苏率军迎击这支纪律松散却骁勇无比的军队，随后元老院又分别从西班牙和色雷斯调遣了格奈乌斯·庞培和玛库斯·卢库西斯驰援。最终庞培成为歼灭斯巴达克斯的主力。

屋大维被尊称为奥古斯都以后，新的体制也渐在城市的格局中显现。帝国的统治观念和秩序不仅影响着我们所看不见的过去，也凝固在物理空间中并最终经由废墟保留下来。城中心的广场上，增建了一些与元首崇拜、帝国权力相关的建筑，如公共家神圣所（Shrine of Public Lares），冠以皇帝尊号“奥古斯都”的命运女神神庙，还有到火山爆发时都还未来得及竣工的维斯帕皇帝神庙，广场周围矗立的雕塑中也增加了皇帝及其家族的形象。通过这种视觉上的直观方式，罗马皇帝宣示着对此地的统治权。

如前所述，坎帕尼亚地区有其得天独厚的优势，但祸福相伴，同时也饱受火山、地震之患。这个地区的肥沃土壤便来自火山喷发后形成的堆积物。到帝国时期，火山灰更是被作为一种重要建筑材料。

> 有一种粉末在自然状态下就能产生惊人的效果，它出产于巴亚附近和维苏威山周围的各城镇。将这种粉末与石灰和砾石搅拌在一起，不仅可使建筑物坚固，即便在海中筑堤也可在水中硬化。
>
> ——维特鲁威《建筑十书·第二书·火山灰》

后世人们所赞颂的罗马建筑之宏伟，便得益于这种新建材的使用。

由于火山喷发多有事前的预兆，而火山灰带来的巨大收益却不可估量。因此当时火山周围城镇不少，直到今天也是如此，毕竟灾难不可预期，但收益却眼见为实。生活总是赋予人们勇气与祈求侥幸的心态。按照学术界通常的估计，帝国时期庞贝城的人口达到了两万。

61年2月5日，庞贝城和赫库兰尼姆遭到地震破坏，但是随即重建。

公元前8世纪，这里的火山曾经非常活跃，但此后沉默了将近八百年，这次地震正是火山即将苏醒的预兆。只是当时的人们并不知道，十数年后他们的家园将会被永远深埋地底，有生之年再也无法重返。

> 看那维苏威火山。不久之前它仍葡萄园成荫，果酒飘香，酒神眷顾它更甚于尼萨山岗[1]，萨提尔在山间舞步飞扬。这里曾比莱斯蒂蒙[2]更使维纳斯怀想，这里曾使赫拉克勒斯英名远扬，而如今一切皆为烈火和灰烬埋葬，甚至众神也后悔曾在此开疆。[3]

马提雅尔的诗句中，对比了众神对维苏威曾经的眷顾和最后的抛弃，正是那令人唏嘘的无常。公元79年，因为维苏威，庞贝作为一座城的生命终结了。

那年夏天，维苏威火山周围的地区出现了许多异象，大地发生了多次震颤。醉心于写作《自然史》的老普林尼发现异象后，却意欲前往观察、记录，最终不幸丧生。塔西佗想将此事载入史册，于是请求他的好友、老普林尼的外甥小普林尼追述往事，尽管小普林尼“一想起来就发抖”，但仍先后修书两封揭开了记忆的疮疤。这两封信也成为今天我们了解那场悲惨灾难的第一手资料。

第一封信（小普林尼《书信集》6.16）：

> ……我的舅父服役于米森农（Misenum），正在舰队随时待命。8月24日午后，我母亲让他留意天空中一片尺寸和外观都不同寻常的“云”。那个上午他才顶着烈日出去，刚回

1　酒神诞生地。原书译者注。
2　古斯巴达的别称。原书译者注。
3　作者译。原文出自 E.Capps etc.（edited by），Walter C.A.Ker（an English translation by），Martial，*Epigrams*，Book4.44，London：William Heine manner & New York：G.P.Putnam's sons，1919，pp.260—261。

来洗了个冷水澡，正在边吃午餐边写书。听闻后，他立马唤人取来鞋子，起身找到能更好观察空中异象的位置。但因距离“云”升起的山（后来才知道是维苏威山）太远，看不太清楚。那朵“云”的外观酷似一棵伞松，如树干般升腾至高空，随之散落而下如枝叶纷离。我想，那是由于第一次喷发推动其向上冲起，后来由于压力减弱而失去支撑或是被自身的重量拉垮，因此四溅迸落。那“云”时而白色，时而带着红色的脏斑，这种变化应是取决于它彼时携带的土壤和灰烬数量。舅父以学者之敏锐，立马察觉到这是值得近距离观察的重要现象，便传令战舰待命，并告诉我如果愿意可以随同前往。但是因为刚好他此前给我分配了一些写作任务，于是我回答道，我更愿意继续我的研究。

他离开家后，就收到了来自塔西乌斯（Tascius）之妻雷克蒂娜的手书，他们家正好在山脚。那时除非有船前往，否则已无法逃离。她恐惧于眼下发生的险情，恳求舅父相救。这激起了他的探究精神和英雄主义精神，于是他改变了计划。他站在甲板上，念及这片可爱的海岸人口繁盛，便怀着想要帮助除了雷克蒂娜以外更多人的心愿，指挥着他的舰队勇往直前，匆忙向那个所有人都在拼命逃离的地方进发。他无所畏惧，观察并详细记述（火山喷发的）每个新迹象。渐渐到了火山灰落下的范围内。而且当船队驶得越近，火山灰便越热和越厚，同时还有大量浮石和烧焦烤裂的黑石。突然，他们便在浅水中了，海岸上遍地落石。电光火石之间，我舅父或曾考虑是否要返航，但当舵手向他提出这个建议时，他却断然拒绝，并告诉舵手，幸运女神将与勇者同在，他们必须前往斯塔比伊（Stabiae）的庞珀尼阿努斯（Pomponianus）家。他家已形同海湾中的孤岛（被上涨的海水包围），虽尚未涉险，然而很明显危难将近。庞珀尼阿努斯已经将财物放到了船的甲板上，一旦风向合适便可逃离。这阵风恰好给我舅父便利，使他能带着船队到达庞珀尼阿努斯家。舅父拥抱着他陷入惊恐的朋友，欢呼并鼓励他，希望以自己的冷静来安抚朋友的畏惧。舅父授意要前往浴室，洗浴后便躺下进餐。他显得非常喜悦，或者至少他装得喜悦，的确不失为勇者。

彼时在维苏威山上，到处是成片的火和跃动的焰，在漆黑夜色里更显得强烈而明亮。我舅父试着打消同伴们的恐惧。他反复地强调这些不算什么，只是惊慌的农民们留下的篝火或者人逃离后着火的空房子而已。接着，他便去就寝并确然入睡，他平素身体强健，门外经过的人都听到他响亮的鼾声。而此时，他房外的院子内已落满了混合着浮石的灰烬，并越堆越厚，假如他再留在房间内，将无法出来了。于是他被惊醒了，跑出来找一夜无眠的庞珀尼阿努斯及其家人。他们激烈争论应该留在室内还是逃到空旷处。一方面，建筑物剧烈地晃动，像要从地基开裂。另一方面，到外面又会有浮石掉落的危险，尽管浮石又轻又多孔。最终在权衡各种危险后，他们选择了后者。就我舅父而言，这是一个更理智的选择，但对于其他人来说，这是一种恐慌的乱投医。他们将枕头用衣物绑在头上作为防止落物的保护措施。

当时其他的地方已经天亮了，但他们那里仍处于黑暗中，比寻常的夜晚更深更浓的黑。他们举着点燃的火把和各种油灯。我舅父决定到海岸去寻找经海上逃脱的地点，但他发现海浪仍然汹涌而危险。突然之间，一次喷发将他击倒，他马上要冷水喝。随即，烈焰和硫黄的气味警告着火的靠近，其他人四散逃跑，舅父勉力站起。他靠在两个奴隶的身上，但忽然又倒下了，我想，可能是因为浓烟堵住了气管使他窒息，他的气管本来就脆弱而狭窄，平时常常发炎。当阳光在 26 日回归时——他在人世最后一日的两天后——他的尸体被完好无损地找到了，身上仍然穿着完好，看起来更像是入睡而非死亡。

第二封信（《书信集》6.20）：

……在我舅父出发后，我完成了之前的研究计划。接着便去沐浴、晚餐。接下来的是一个短暂而不适的夜。此前多日，大地都有轻微颤动，这在坎帕尼亚很常见，所以并未引起恐慌。但那个晚上，震感越来越强烈，大家都认为这已经不只是颤动，而是剧动了。母亲冲进我的房间，我也从床上起来。我告诉她还是应该休息，如有需要我会叫醒她。于是我们坐在房子和海之间的阶地上。那时我刚收到李维的一本书，便开始阅读，并接着之前停下的地方开始做笔记，就像是享受片刻的闲暇时光。我不清楚这是勇敢还是憨懵（那时我才 17 岁）。我舅父的一位刚从西班牙来的朋友刚好从高处路过，他看见我母亲和我坐在那儿，我竟然还在看书，便抱怨我母亲太过平静，而我太过不敏锐。但我还是继续看书。

这时天开始亮了，黎明来得犹豫而迟缓。四周的房屋都在晃动。虽然我们在露天处，但地方很小，我们开始感到害怕，并且预感到这里迟早会坍塌。我们最终决定离开这个镇子，茫然无措的人群紧跟其后，他们更倾向于盲从我们的计划而非自己做出计划（这是种度过恐慌的智慧）。人群的数量太多，甚至减缓了我们的脚步，拥挤地推着我们向前。我们一离开建筑群，就停了下来。很多怪事发生了，我们感到非常害怕。

地面明明很平坦，马车却在往驱使的相反方向移动，甚至当轮子被石头卡住时，也无法停下来。海水看起来正被往后吸，就像被大地的摇动推回来一样。海岸线不断向外移动，许多海洋动物被留在了沙滩上。我们身后是可怖的黑“云”，不时被纠结的闪电猛烈撕开，露出巨大的火焰。它们就像是闪电，但要强烈得多。就在这里，那位西班牙朋友大声催促母亲和我：“如果你们的兄弟和舅父还活着，他会想要你们安全。如果他已经死了，他会想要你们幸存。所以为什么你们不愿意逃走呢？”我们回答道，只要我们不确定他的安全，我们就不会考虑自己逃生。等了片刻，他最终慌乱地逃离了险境。而此后不久，黑“云”向下延伸到地面，并笼罩在海上。它包围着卡普里，使其消失，它完全遮盖了米森农海角。母亲开始祈祷，催促甚至命令我孤身逃走，她说，年轻人身体康健、余岁仍长，应在未来某日幸福地死去，而非受她连累，同死于此。我回答道，我不会丢下她独自逃走。我抓住她的手，拉着她让她走得稍快些。她屈服于眼前的困境，但仍不断自责是她拖累了我。

这时灰尘扑了上来，虽然还是比较薄的一层。我往回看：一片浓云追在身后，就像在大地上一泄如注的洪水般汹涌而至。“趁还能看到，我们往一边跑，以免被堵在路上，然后被同行的人群冲撞。”我们不敢坐下，当一片黑暗到来时，那不像一个无月或多云的夜，而更像是在不透光的密室里的黑。你可以听见妇人们的恸哭、孩子们的大哭、男人们的惊叫。一些人在呼唤着父母，另一些则呼唤着孩子或配偶；他们只能通过声音相认。一些人在悲叹自己的命运，另一些人则哀号着与近亲或爱人的睽违。一些人如此畏惧死亡，因此乞求死亡。许多人向众神举起双手，又不再相信有神，而认为这是世界的永夜。这并不是我们夸大危险而虚构的恐怖。有些人声称，米森农的一部分已经倒塌或燃烧。这虽是谣言，却找到了信徒。突然间天变亮了，然而并不是阳光的回归，而是火靠近的信号。确切说，火在一段距离外停下来，但厚重的黑暗和灰烬喷了过来。我们站在原地，一次又一次抖落灰烬，否则我们将会被覆盖并被压垮。我可以夸口在这样的危险中我既没有发出呻吟，也没有胆怯的言辞，但我当时确信我正与世界一起毁灭，这个境况下世界和我都视死亡为莫大的安慰。

但“云”渐渐稀薄、减少，最后变得像阵烟或雾。很快真正的阳光来了。太阳比往常更明亮，发出一种日食后的血红色的光。我们仍然惊恐的双眼里遇见的景象是一个全然改变的世界，被像雪一样的火山灰所覆盖。[1]

自然灾害面前，既无显贵，也无贫贱。声名赫赫如老普林尼者不幸遇难，同样遇难的还有更多不知名的平民们。小普林尼的记载千年以后读来仍沉重得伤及魂灵。人类面对自然灾难时脆弱如蜉蝣。即便是用最坚硬的岩石搭建起来的城市亦是如此。火山灰将公元79年8月24日的那一切全部掩埋。所有的死别与悲伤恐惧都终结于此，却也如一枚时间胶囊，封存了十数个世纪以后我们所无法想象的时间巨堑那头的一切。

庞贝城大约有90%的居民在火山爆发时撤离了家园，维苏威火山一直喷发了18个小时，终于静止。在随后的几天或几周内，人们陆续回来，他们判断自己住宅的方位，并向下挖掘，打通墙壁，进入房间，将贵重的东西带走。

提多皇帝当时迅速组织了赈灾，但庞贝的重建计划由于太过庞大而被搁置。维苏威火山此后并未停止活动。公元202年，它持续喷发了一个星期。公元306、472、513、533年也有喷发。1631年，它再次喷发，几乎摧毁了山脚下所有的城市，约有1.8万人死于这场灾难。

时至今日，走在那不勒斯街头，依旧不时能闻到火山口传来的硫黄味。向死而生的那不勒斯人，也因此有了恣意享受生之欢愉的气息。（彩图17）

---

1 W.M.L.Hutchinson（revised by），William Melmoth（translated by），*Pliny Letters*，London：William Heinemann & New York：The Macmillan Co.，1931，pp.491—497. 这两封信均为作者所译。

庞贝重临世间

庞贝城遇劫后，人们没有忘记它，文献中仍有只字片语的记载，然而渐无人知道它的具体所在。1594 年，人们在萨尔诺河开挖引水渠的时候，发现了一些建筑物遗迹、碑文和钱币。当时出土了“decurio Pompeiis”（“庞培城市元老”）的铭文，但被认为与罗马执政官庞培（Pompeius）有关。

1707 年，意大利南部被奥地利占领，戴尔波夫王子来此就任骑兵团的总指挥。某日，有人在维苏威火山脚下一座寺院的水井内打捞上来一些雕塑残片和其他遗物，更为重要的是发现了一座公共建筑，当时被认为是神庙。王子听闻之后，带走了所有的雕像。这个消息迅即散播开来，引起了一批古物爱好者的寻宝热。几十年后，这一地区归西班牙人统治，国王查理三世将发掘水井之下建筑遗址的任务交给了皇家工程师，1738 年，在此发现一块铭文，上刻“赫库兰尼姆剧院”的字样。此前发现的这座建筑终于确定了性质，它并非神庙，而是一座剧场，而且正位于当年与庞贝同时罹难于火山爆发的赫库兰尼姆城。庞贝城也因此不再是虚无缥缈的记载，而是呼之欲出的真实存在。

1748 年，一队西班牙工程师在当地称为“齐维塔”（Cività）的区域发掘出一幅鲜花水果壁画、一具身旁散落银币和铜币的男性“火山灰躯壳”遗骸。当年的遇难者尸体被火山灰紧紧包裹，随后凝固，成为死亡的纪念塑像。1763 年，人们又在此发现了带有“Respublica Pompeianorum”（“庞贝共和”）字样的铭文。这里的“pompeianorum”很明显不是庞培的派生词，而是作为城的庞贝殖民地。因此，庞贝的存在最终通过文字证据被证明。

寻宝者们闻风而至，给庞贝城带来了极大的破坏。1738—1765 年，工程师阿尔库比雷完全抛弃科学发掘的原则，径直以获得宝物为目的，在遗址上随意开挖深井和通道，一旦不能马上挖出文物，便将之抛弃并转往下一处。出土文物的神庙和住宅则被“洗劫”，壁画被从墙上割下，花瓶、钱币、雕像等物品未记录出土地点便被迅速进献给查理三世。在这充满功利性的寻宝过程中甚至使用了炸药。

1799 年，弗朗斯·穆拉和卡洛莉娜夫妇受拿破仑之命掌管此处，在他们的推动下，维苏威周围开展了更大规模的发掘。卡洛莉娜甚至在废墟旁建造了一座住宅，以便时时掌握发掘的动态。她不仅对出土的艺术品和首饰感兴趣，也非常关注发现的人类遗骸。

1805—1822 年，此前陆续发现的遗物和艺术品被收藏到王国别墅（Villa Reale）的柱廊内，后来又转移到那不勒斯的波尔波尼克博物馆（Real Museo Borbonico di Napoli），也就是那不勒斯国家考古博物馆的前身。

意大利王国成立后，国王维多里奥·埃曼纽埃尔二世（Vittorio Emanuele II）拨款资助庞贝、赫库兰尼姆以及这一地区的其他发掘活动。1863—1875 年由朱塞佩·菲奥雷利（Giuseppe Fiorelli）主持发掘。在他眼中，壁画和文物自有其价值，而废墟本身承载着更丰富的历史信息。他制定了客观而系统的发掘原则，注意揭示单个遗址如街道、房屋和城墙之间的关联性；他尽量将文物留在原处，保存古代环境的原生性——以此将时间回拨到被火山灰覆盖的那一天，让曾经活了几个世纪的庞贝城重临人间。

1910—1923 年，维多里奥·斯皮纳左拉（Vittorio Spinazzola）负责庞贝城主要街道的发掘。他沿用了菲奥雷利的科学发掘方法，首先通过钻探确定街道走向，然后对街道及两旁的建筑进行发掘。在发掘过程中，他同样也很注意保护遗址的原貌。在清理完火山岩屑之后，他先设法保护建筑内的家居陈设和壁画，然后支撑住墙壁以防在发掘过程中倒塌。他也同样坚持所有文物必须留在原出土地点。斯皮纳左拉是世界上最早用摄影记录发掘过程的考古学家。这些照片与他的笔记、绘图在 1953 年出版发行，迄今仍对庞贝城的考古工作具有指导作用。

此后，对庞贝城逐渐开展了局部的发掘，如米兰大学的鲁奇阿纳·雅克贝利（Luciana Jocobelli）教授在 1985 和 1987 年对苏布尔巴涅浴场（Terme Suburbane）的发掘。但发掘进展缓慢，庞贝城迄今为止仍有三分之二的范围掩埋在地下。

庞贝布局

图 26　庞贝城街道边的商店

从平面图上看起来，庞贝城墙围合的形状就像个椭圆形。在北面设有五座城门，南面设有三座城门。其中西南门为海之门，是海上进城的通道。

正如大多数的地中海城市般，庞贝城内有两横一纵三条主干道，其间以众多的次级干道将城区分割成大大小小的格状区域。除广场周围的街道不太规整外，城内其余街道基本整齐分布。街道的两侧密布宅邸、商店、作坊、酒馆和妓院，还有对于古罗马人来说必不可少的公共浴场。（图 26）

城西南的广场区是公共生活的重要区域。（彩图 18）这组公共建筑群包括：希腊—罗马神系的宗教建筑，如庞贝维纳斯神庙、阿波罗神庙和朱庇特神庙；帝国崇拜的宗教建筑，如公共家神圣所、奥古斯都命运女神神庙、未竣工的维斯帕皇帝神庙；政治功能的建筑，如会堂、法院、元老院、城市档案馆、议事厅；经济功能的建筑，如市场、仓库；娱乐和卫生功能的建筑，如广场、浴场、公厕。广场周围立着许多纪念性雕塑，包括历任和在位的皇帝及其家人、城市捐献者的形象。

另一处公共活动区域在城南的三角广场。建筑群包括有埃及神系的伊西斯神庙、一座多立克式神庙（供奉神祇不清）、体育场、角斗士营房，以及一大一小两个剧场。

城东端是角斗场、角斗士营，还有葡萄园和酿酒作坊。

从城西北角的赫拉克勒斯门出城的道路两旁分布着墓葬，这条路因而又被称为“墓地街”，其间也有密斯特里别墅、西塞罗别墅等贵族别墅。

生与死

辛辛那提大学的斯蒂文·艾力塞（Steven Ellise）在斯塔比亚城门附近发掘了20余座小商铺。食品店后面的厕所和污水沟中发现了厨房烹饪残留物和人类的粪便，这些秽物中保留了可贵的信息。经过检测表明当时庞贝人的食谱构成有小扁豆、橄榄、坚果和鱼、贝类、海胆，偶尔有少量腌肉，甚至有长颈鹿的腿骨。此外还发现了进口香料，其来源相当广泛，有些甚至来自印度尼西亚。

根据考古发现和文献的记载，我们知道庞贝人餐桌上十分丰盛。植物性食材有小麦、芸香、芹菜、橄榄、松子仁。动物性食材有肉类、鸡蛋、鱼类，还包括加工过的羊乳酪和意大利乳清干酪。调味品有橄榄油、葡萄酒、鱼露、鱼汁。甜味剂有蜂蜜、无花果。香料可谓五花八门，包括有月桂叶、莳萝、香菜、韭菜、薄荷、茴香、阿魏胶、圆叶当归、小茴香、马郁兰、香草、桃金娘、牛至、香薄荷、百里香。

在欧金妮娅·萨勒扎·普里纳·瑞考蒂所著的《庞贝的古罗马烹饪食谱及烹饪方法》一书中为我们复原了阿皮西尤《论烹饪》（4.2.1）中的食谱：

> 要做6人份的鱼汤，首先我们要准备2公斤鱼、7勺鱼露、胡椒粉、油、2棵韭葱、一小把圆叶当归、一小撮牛至。接着，把鱼放进锅里，加入鱼酱、油、葡萄酒腌渍，然后将白韭葱和香菜叶切碎，将一部分鱼肉做成鱼丸，其余的则剔除鱼刺，加入洗净的海藻放置。之后将胡椒粉、圆叶当归、牛至捣碎，倒入烧熟的鱼酱和高汤，再将它们一起倒入盛放鱼的锅中，煮沸后捣成块状，浇汤、拌匀。最后撒上胡椒粉，即可食用。将大

鱼切块、切片，并剔除鱼刺备用，用小鱼和大鱼的鱼骨作锅底，倒入油，洒上葡萄酒，稍微收干后，倒入高汤。高汤可用韭葱或当归叶切碎制成，如果没有这些食材，也可用等量切碎的欧芹和芹菜加上胡椒粉和牛至来代替。调味可以用鱼露，也可以用两条油盐浸过的凤尾鱼。这道菜需文火慢炖，把汤过掉，再重新倒进锅里开火。[1]

就像今天的欧洲一样，庞贝城的墙上遍是公告、广告、启事与涂鸦。正式布告用红色颜料书写，非正式的标语则随意涂抹。经过考古学家的统计，城中共发现了几千处，包括有选举公告、角斗表演公告、角斗图、出租和出售信息、寻物启事和失物招领、公共喝彩与祝福、杂项图、祝福与愿望、诅咒与辱骂、角斗、士兵、娱乐、清单、备忘录、注意事项、爱与性、拉丁诗人引用等，组成了一个生趣盎然的墙上庞贝。

既有为爱人神魂颠倒者的誓言：

爱情让我写下这段话，丘比特指引我的路，可若哪一天神要让我离开你，那我宁愿去死。

（巴西利卡厅内，1928）

也有对人生的哲思：

死后你就一切乌有。

（百年大屋内，5279）

既有以实际行动对旅店老板让人哭笑不得的控诉：

1　该段引文来自 2019 年西汉南越王博物馆《庞贝：永恒的城市》展板介绍。

老板，我们尿在了床上，我承认我们错了。假如你想知道我们为什么尿床，那是因为房里没有尿壶。

（赶驴人旅店门左侧，4957）

也有对无视公德者的愤怒诅咒：

致在这里解手的人，小心诅咒，你若小看这个诅咒，朱庇特也会发怒，与你结仇。

（帕西乌斯·赫尔墨斯大屋门左侧，7716）

图 27　法乌诺之家的宅门

庞贝的四种风格

庞贝城的宅邸内，多装饰有华丽的壁画，由于火山灰的包裹，延缓了氧化反应，在发现之时依旧鲜艳如初。根据壁画内容和风格，艺术学者们将其分为了四种风格，能够从中一窥共和国末期到帝国早期，富裕的罗马人对于家内装饰的审美情趣和艺术品味变迁。

庞贝第一风格又称为“砖石结构式风格”，主要流行于公元前 2 世纪。这种风格实际是从希腊传来的一种装饰形式，吸收了公元前 6—前 5 世纪的“匀砌式”墙体建筑技术。装饰特点是用彩色灰粉摹绘出用“匀砌式”墙基部分凸出的地方。墙壁的主体为大平板，上方边饰为较小的石块排列式样，有时用列柱饰增加墙面的节奏感。色彩面貌是利用不同颜色和不同质量的大理石壁画形式来表现。

庞贝第二风格又称为“建筑结构式风格”，大致形成于公元前 80 年，它的艺术根源一是从希腊化时期罗马戏剧演出中，模拟真实场景的舞台布景；二是在公元前 2 至前 1 世纪之间的一种浮华的建筑式样。风格特色是在室内墙面上应用透视法则画上建筑结构，造成墙壁之外还有空间的错觉，而产生室内空间扩大的效果，换言之是在二维空间的平面上创造三维空间的视觉效果。

庞贝第三风格又称“装潢式风格”（Ornamental Style），流行于公元前 1 世纪末到公元 1 世纪初。这种风格与以假乱真的第二风格相反，是一种遵循奥古斯都时期学院风格特点的装饰式样。它还原了墙壁作为一个封闭空间的普通平面的本来面目。风格特点主要是用单色水平和垂直的线条画出精致的建筑装饰图框，将每一片墙面分成三个图框，每个图框中央画一幅画，这些画多为神话、宗教或田园题材的风景和人物。墙面的上方仍然保留着第二风格时期以假乱真的建筑结构装饰。

庞贝第四风格是“复合式风格”（Intricate Style），流行于公元 1 世纪下半叶，也就是庞贝城覆灭前。风格主题在第二、第三风格的基础上发展而来，具有多种装饰类型，充分表现罗马艺术广泛性的特点。风格特征是用色比较鲜明，加上光影技法表现，因此色彩对比充满生气。这种风格的另一特色是画上舞台布景，并有戏剧场面；也出现了日常生活和神话相关题材，如对流浪汉的描绘、对神话和神明的嘲讽。

庞贝的壁画和马赛克地面大部分保存在了那不勒斯国家博物馆。（彩图 19）当访客们徜徉于展厅中时，如果是一个安静的下午，斜射的光线中，恍然间让人以为造访了庞贝人的厅堂，满目绚丽的色彩，或华丽或典雅的画面，讲述着神话或世俗的故事，如同在岁月的阻隔中撕裂了一道口子，后世人如同异乡人，在此静静注视着他们曾经看见的，还有他们所看不见的，消逝。

罗马化的地方城市

假若未曾被火山毁灭，庞贝城只是罗马帝国境内一个寻常的地方城市，从史前的聚落逐渐发展而来，对于罗马文化的到来，曾经抵抗，但随着时间的推移，渐渐地汇入帝国的大流中。对政治中心从抗衡到顺从，这过程都忠实地反映在了城市的建筑里。

罗马帝国的境内还有很多其他类型的地方城市，有的是从原来的居住中心改造而来，有的是出于军事政治目的的新建，前者譬如迦太基城，后者譬如特里尔城。

迦太基城位于北非。迦太基城被罗马征服前一直是布匿文化的中心，约公元前 814 年由腓尼基殖民者建城，平面呈矩形，有城门和海堤。公元前 146 年，罗马占领迦太基后摧毁了城墙、宗教和城市建筑。公元前 122 年，罗马护民官盖乌斯・格拉古在此建立朱诺尼亚殖民地，对城市进行格状划分（百户区 / 百人区制度）。帝国时期该城成为非洲行省治所。

公元前 44 年恺撒下令重建迦太基城，直到公元前 29 年设朱利亚・康克迪亚・迦太基殖民地时完成。迦太基城属于罗马时期的遗迹很少，城墙周长超过 37 千米，新城延续了旧城的格状布局，但布匿文化的象征物如城中心的比尔萨堡被铲除，在城中心的拜勒萨山修建了广场、会堂、神庙（卡匹托利尼三主神神庙、谷物女神塞里斯与和睦女神的圣殿）和奥古斯都家族祭坛等纪念建筑，从前迦太基的宗教中心成为帝国的祭祀场所。城南的拖菲特附近还有卡勒斯提斯女神的神庙，取代了布匿迦太基保护神塔尼特的神庙。

公共设施方面，罗马人在城西修建圆形斗兽场，1 世纪末在城西南修建了体育场，又称竞技场。哈德良时期还修建了一座剧场，其西南侧是建于 2 世纪晚期或 3 世纪早期的大剧场。145 至 162 年在城东南修建了安东尼浴场，占地约 1.79 万平方米。城东南有两个港口，外面的矩形港口与里面的圆形港口相通，船坞遗迹以扇形排列在内部的环形港口周围。

罗马帝国西北部行省的城市通常并不建在既有的居住中心，而是出于军事目的的重新营建，高卢—比尔及行省（大致包括今荷、比、卢、法、德的部分地区）的特里尔城即其中代表。它坐落在摩泽尔河河岸，始建于奥古斯都时期，由于地处意大利和莱茵河流域的交通要道，是北高卢最繁华的城市，约 1 世纪中叶为比尔及和上、下日耳曼行省总督所在地，3 世纪末成为帝国的次级都城之一。

城墙的修建年代不明，但至少在 355 年已存在，由混凝土砌造，约厚 3 米，高 6 米，周长 6 千米，围合面积 285 公顷，呈近似圆角长方形的不规则形状。城门情况不清，仅在北部发现了尼格拉门的遗迹。城内有一条贯穿南北的主干道。奥古斯都时期修建了连接摩泽尔河两岸的石桥。城中心为军营和广场，前者建于奥古斯都时期，后者可能建于 2 世纪。广场长 400 米，宽 150 米，西侧为元老院和议会厅的遗迹。城东北角有会堂。

城内的公共建筑普遍都具备罗马帝国时期的典型特征。公共娱乐设施主要包括剧场和斗兽场。迄今发现的两座剧场都与宗教建筑有关，其中一座位于城东南的奥特巴切托神庙，建于 2 世纪，其主体为土木结构，座位是石质。另一座位于雷努斯—玛尔斯[1]圣域内，建于 2 世纪晚期或 3 世纪早期。圆形斗兽场在城东，推测建于 1 世纪，原为木结构，后用石头重建。公共

1　雷努斯是特里尔本土的神祇，相当于罗马的战神玛尔斯。

洗浴设施修建于公元 2 世纪，与罗马城内同时期的浴场一样也采用对称格局，迄今已发现的有城东的帝国浴场，城西的圣巴巴拉浴场，以及城中心偏北的广场浴场。城内残存一些水渠遗迹。

由于罗马帝国对地方宗教采取包容的政策，特里尔城并存罗马宗教与本土宗教信仰。城东南奥特巴切托圣域发现了 50 多座 1—4 世纪供奉本土神祇的圣所，其大小、形状和方向不尽相同，其中一些在形制上具地方特色，另一些则是典型的罗马风格；此外还包括祭司的住宅。3 世纪出现了一座与密特拉崇拜有关的建筑。城南有罗马风格的赫兰布伦彻神庙，可能供奉卡匹托利尼三神或是罗马女神和神化的奥古斯都。城外西侧的河对岸为雷努斯-玛尔斯圣域，早在前罗马时期就已是圣地。

城西北临河处发现有仓库和罗马居民区遗迹。城东北发现了 1 世纪中叶的总督府遗迹。城外东北和西南的郊区发现了一些贵族的别墅遗迹。城外南郊发现有砖瓦陶器作坊区。南郊和北郊的南北主干道在城墙以外的沿路两侧分布着大片墓地。

第八章 奥斯蒂亚

早期历史

王政时代在李维的《建城以来史》中是言之凿凿的存在，并详细列举了七位王的传承世系：罗慕路斯（前753—前717）、努玛·庞匹留斯（前716—前674）、图路斯·赫斯提利乌斯（前673—前642）、安库斯·玛尔奇乌斯（前641—前617）、塔尔奎尼乌斯·普里斯库斯（前616—前578）、塞尔维乌斯·图里乌斯（前578—前534）、塔尔奎尼乌斯·苏佩尔布斯（又称“高傲者塔尔奎尼乌斯”，前534—前509）。但后代的史学家从不停止拿着高倍显微镜检视一切历史文献记载，任何可疑处都在他们可贵的洞察力之下难以遁形。

蒙森在撰写《罗马史》时，就认为早期文献中关于王政世系和历史事件的记述不尽可信，但其中关于社会制度和结构的部分较具历史真实性。蒂姆·康奈尔通过对文献的分析进而提出，罗慕路斯应是神化或半神化的人物。塞尔维乌斯·图里乌斯的事迹更像是一位共和制的大法官而非国王，但部分事件又似乎是史实。其他王的可信度则较高，应是真实的历史人物。因此我们对待不同时期的记载，应该采取不同的态度。

根据文献的记载，安库斯·玛尔奇乌斯王统治时期，首次在台伯河口建城，以便开采盐矿。但这个城与后来的奥斯蒂亚（Ostia）城之间有什么关系，甚至这个记载是否确实，现在仍然不是那么容易说得清楚的事情。历史研究的困难在于，我们并不能确实地回到过去，因此总是在文字的蛛丝马迹和实物的沉默寡言中，不停地磨合、雕琢，使其看起来更符合事实的逻辑。也许我们只是在无限接近现实，而永远无法触及真实。

所幸凡是过往，皆有痕迹。即便曾经的沧海桑田、花开花谢，通过一系列的科学发掘和科技检测手段，也能重现那消逝的过去。只是后人还需要通过某种解释逻辑，把如珍珠般散落的信息碎片重新串缀起来。根据环境考古的研究，大约 3900 年前，奥斯蒂亚是一片长满芦苇和莎草的沼泽。东面有盐矿，可能人们已开始在这里采盐。这样的环境大概持续了千余年，到了大约 2600 年前，海水突然灌入沼泽地，但目前无法确定这是大自然物换星移的变化，还是人类的开渠引流所致。盐田附近形成了一个小村庄，但此时的沙丘带面积较小，能容纳人类聚落的面积也相对有限。不过可以观察到的是，村落所在的这个尖形三角洲此后在快速向海上推进。

公元前 4 世纪，罗马人在台伯河口修建了名为“城堡”（Castrum）的军事要塞。传统观点认为这是罗马人步希腊人后尘向外建立的第一个殖民地，但对于“城堡”性质的这一判断与帝国时期的一些文献记述间发生了抵牾，因此后文还会提到学者们对这个观点的相关讨论。现在暂时还是专注于共和国时代的事情。当时的航海技术已有较大的发展，野心勃勃的敌人可能随时跨海而来，这个要塞应该起到瞭望与防御海上入侵者的作用，约在公元前 3 世纪成为一个海军基地。

关于“城堡”的具体修建年代充满了争议。大多数学者都认为应当是在公元前 349/8 或前 338 年，因为当时罗马与海盗、邻国之间常常作战。但意大利考古学家菲利普·科阿莱利（Filippo Coarelli）根据“城堡”建筑中的凝灰岩认为应当是在公元前 5 世纪。阿彻·马丁（Archer Martin）则认为是在公元前 300—前 275 年，因为墙基旁发现的陶器多属于这个时期。法乌斯托·泽维（Fausto Zevi）认为是公元前 311 年，因为根据文献记载，这一年共和国任命了两位“司舶官”（duumviri navales），他认为与台伯河口的这个据点有关，不过他也承认，这两位也有可能是在罗马任职的。德米特里厄斯·沃森伯格（Demetrius Waarsenburg）认为应建于公元前292/1到公元前278年之间，前一个年份是医神信仰经海路传到罗马的时间，但相关记载中未提及奥斯蒂亚，后一个年份则是迦太基舰队到达奥斯蒂亚的时间，那么“城堡”应当在这两个时间节点之间建成。

“城堡”周筑围墙，形成规则的长方形，围合的面积约2.4公顷，规模比较小，也就比现代的两个标准400米跑道田径场加在一起稍大些。城内有南北方向和东西方向两条垂直相交的中轴路，这是希腊化时期以来城市布局中最常见的基础元素。随着时间的推移，城堡附近渐渐聚集了更多的寻常百姓，尤其是西翼，生长成为市民的聚落。

海洋贸易

公元前13—前12世纪在考古学的分期上属于青铜时代亚平宁文化的晚期。这时的罗马尚是卡匹托利尼峰上一个面积可能不过7—8公顷的小聚落，活动范围和影响力都极其有限。而此时，迈锡尼人的陶器已经出现在了意大利的中部。迈锡尼人在爱琴海是名副其实的霸主，原本被米诺斯文明控制的克里特岛以及曾创造黄金时代的特洛伊都为其攫夺，他们可能是为追逐半岛上丰富的矿产资源而来。后来到了公元前8世纪，希腊人先是在坎帕尼亚地区建立了殖民地，他们与托斯卡纳地区的埃特鲁里亚人之间的贸易带动了作为中转地的拉齐奥地区的发展，尤其罗马，就是在这种背景下逐渐发展壮大，取代阿勒巴诺地区成为拉齐奥的中心。早期的台伯河水流汹涌，只有台伯岛所在之处因水流分岔又恰是河流拐弯口，使得流速较缓，而东岸也恰有一片平地，在帕拉蒂诺与卡匹托利尼两山之下，因此这里成为一个重要的内河交通枢纽和贸易集散地。

地中海的气候雨季旱季分明，山海之间地理单元破碎，也未发展出大型的水利系统，使得各个地区时旱时涝，即使人口密度低于土地承载力的地区，有时也不得不从其他地区购买粮食，但有时则会有大量剩余产品出口。

这种物产不均衡（尤其是生活必需品的不均衡）的状况使得交换成为生存的必要行为，也是后来商业发展和发达的前提，在希腊等地表现得尤其明显。

亚平宁半岛原本物产丰饶，尤其是坎帕尼亚地区得天独厚。距半岛最近的西西里岛也是重要的粮食生产基地，在罗马扩张之前基本能自给自足。但随着疆域的扩张，罗马城成为一座极富吸引力的都市，人口呈爆炸式地增长，也成为一座寄生型的城市，如台风的中心一般源源不断吸取着地中海各处的资源。半岛上的物产已无法满足需求。即使是日常所需的小麦、葡萄酒和橄榄油，也迫切需要进口。更不用提贵族们对于远方异物的无休止追求。共和国晚期，罗马对地中海世界已经有绝对的政治军事控制力，能充分调动各个地区的物资以满足自己的需求与奢欲，而环地中海的各地本就是追逐商业利益的文明，更是视罗马为最大的市场。罗马城庞大的市场需求促进了贸易繁荣，商业因此在某种意义上成为罗马立国之本。地中海的存在使得海运成为最便利的交通和运输方式。雨旱各半的气候使得航季有规律可期。每逢旱季时，晴空万里、碧海无波，从西班牙、埃及、希腊等地启航的商船船队纷至沓来。

大卫·马汀利（David Mattingly）和格里高利·阿尔德雷特（Gregory Aldrete）综合各种文献记载推测罗马居民对三种主要食物的需求量，按照总人口数 100 万人计，在此基础上估算罗马城每年的主要食物进口量和运输船次，计算结果是每年仅小麦、油和葡萄酒三种商品就有 1692 船次到埠。那么这意味着在最佳航运季节也即每年的 4—9 月，这期间每天都大约有 17 艘船到达罗马的海港，之后再沿台伯河运到罗马城。

运输规模从罗马南边的特斯塔齐奥山（Testaccio）便可窥一斑。山名的词根“testae”含义为“碎片”。此山海拔 50 米，占地两万平方米，形成于公元前 1 世纪到公元 3 世纪中期，虽名为山，其实是人工堆积而成的陶片堆。这些陶片来自运输橄榄油、谷物和葡萄酒等物资的容器，其中约 85% 都出产自西班牙，也有从非洲和高卢各地来的。考古学家们将其拼对、复原，经过统计，大约共有 5300 万个陶罐。除粮食以外，罗马城的许多物资供应也依赖着海运，其中最重要的就是满足城内大规模建筑活动的大理石材，再加上其他各类物产，罗马附近海港的吞吐量在古代世界来说十分巨大。

但是海洋贸易存在很大的风险。法国和西班牙沿岸发现不少沉船，船内装载货物的双耳陶罐上标记有运输信息，包括所有者、托运人等，其中大部分的目的地都是罗马城。商船队通过签订合同的方式来为帝国运输粮食和大理石等物资，出于前面说过的商贸对罗马的重要性，商人被赋予了一定的政治权利。罗马法对于直接参与海运贸易的商人有一定的保护，例如关于商业合同、酒类销售、损失货物补偿的规定，哈德良皇帝也曾经颁布法令限制中间商。但是大部分商人都会遭到中间商层层盘剥。此时是否出现了真正的商业组织不得而知，因为从文献记载看来，大部分交易都建立在被释奴和旧主人之间的法律与社会联系基础上。

海洋贸易的风险、商业的繁荣促进了金融业的发达。由于贷方需要承担货物遗失的风险，因此利率非常高，大规模的商业冒险要求借贷双方都有极高的信誉，虽然风险巨大，但潜在的回报也相当可观。庞贝城南郊的一座宅邸遗址中出土了“穆雷辛书简”（Murecine Tablets），这批书简包括有127份文件，虽然大部分都是不完整的，但其中有一些文件记录了各种商业交易，大部分都与贷款活动相关，表明有些钱是由皇帝家族的奴隶或被释奴预先垫付的。元老阶层的某些成员应该也通过代理人参与了贷款。投资贸易的巨额资金主要掌握在拥有土地的贵族手中。

作为卫星城的奥斯蒂亚

罗马的主城区距海岸尚有一定的距离。海船由于吨位过大，不适宜于直接驶进内河。因此海运而来的货物需要在台伯河口卸载后，重新装载到吃水较浅、规模也较小的河运驳船上，逆流而上一段距离后到达罗马。在当时，那不勒斯湾的普特奥利港（Puteoli，今波佐利）是设施先进的优良海港，很多从海上来的货船都选择由此中转到都城。但缺点是，那不勒斯湾离都城还有相当一段距离，也无适宜的内陆河道，因此需要转为陆地运输。今天从那不勒斯到罗马的物流，火车只要一个半小时左右，但在只能依靠四轮车运载的那时，一旦运输规模较大的话，各种不便就呈现出来了：车的装载量有限，陆运的时间长，不适合运输保鲜期限较短的货物，人、畜、车在路上的费用较高且要承担一定的安全风险；由于路途的颠簸，也不适宜运输脆弱易碎的器物，如盛装橄榄油、葡萄酒的双耳陶罐就有破碎的风险。相较之下，水运的好处就太多了，装载量大、安全风险和运输成本都相对较小，还能大量运输易碎品。之前贸易规模小的时候，从普特奥利转陆运到罗马可能还比较划算，但从共和国晚期开始，贸易规模呈指数级增长，善于计算、追逐利益的商人们便更倾向于从海运转河运直达罗马。

公元前 87 年的内战期间，奥斯蒂亚被苏拉的死对头马略占领。在公元前 69 或 68 年，海盗掠夺了这里，并在河港歼灭了一支舰队，所幸不久之后就被庞培击败。海盗的入侵可能是奥斯蒂亚城在公元前 63 到前 58 年新建城墙的原因之一。新的城墙比之前包围的范围更大。此后奥斯蒂亚正式归于罗马治下，组建了地方政府。

再回到前面所说的“城堡”，文献中提到它是罗马人建立的第一个殖民地。这个观点非常流行，因为包括西塞罗在内的几位作者，都声称奥斯蒂亚是由安库斯·玛尔奇乌斯王建立的殖民地。帝国时期的铭文也证明它的殖民地性质。然而上面的叙述又显然与传统观点间存在矛盾之处。公元前 1 世纪的文献里声称当时奥斯蒂亚才被罗马“正式统治”，那么这里存在两种可能：一是“城堡”由安库斯·玛尔奇乌斯王建立时只是一个独立的城市，而非罗马所辖的殖民地；二是它在建立之初确然是个殖民地，但后来性质发生了变化，到公元前 1 世纪才重新为罗马所控。英格丽德·波尔（Ingrid Pohl）就怀疑传统文献里“城堡”始建于王政时代的记述并不可靠，她认为西塞罗可能才是殖民地的真正创始人。

公元前 1 世纪，这里修建了新的城墙，围合的面积已经扩大到了 65 公顷，原本的“城堡”成为新城里的一个广场，也就是通常的罗马城市里最重要的公共生活区域。来自地中海各个地区的商贩、货物在此云集，与之相关的产业也应运而生，如仓储、运输、建筑等。城市的各种设施也日益完善。在这种情况下，这个聚落的军事功能被民事和商业功能所取代，名称也改成了“奥斯蒂亚”，也就是“口”的意思，可能与它在台伯河口附近有关。当地的贵族成员在城内修建了赫拉克勒斯神庙和其他 4 座小神庙。这些本地的权贵虽然偏在都城远郊，却或多或少都参与到了罗马的政坛中，譬如担任了四次“市长”（duovir）的 P. 路奇利乌斯·伽马拉（P.Lucilius Gamala）是西塞罗的拥趸，而担任了八次“市长”的 C.卡提利乌斯·珀普利克拉（C.Cartilius Poplicola）则是屋大维的忠实支持者。

公元前 18—前 12 年，阿格里帕在奥斯蒂亚建造了大剧院。在罗马帝国辖下，奥斯蒂亚开始出现大理石建筑，比如上文提到的市长珀普利克拉的墓葬就使用了大理石。大理石在当时属于昂贵的建材，它在奥斯蒂亚的使用也意味着这座小城地位的抬升，一些政治地位较高或财富资产较多的社会中上层开始集聚于此。公元前 1 世纪末，城市广场的北侧修建了卡匹托利尼神庙（图 28）。

图 28　奥斯蒂亚城市广场的卡匹托利尼神庙

公元 1 世纪初，提比略在广场南侧建造了罗马神庙和奥古斯都神庙、公共浴场和水渠。克劳迪乌斯在奥斯蒂亚设立消防支队，以对抗火灾。维斯帕统治期间，将城墙改造成引水渠，解决城市南部区域的供水问题。图密善治下，奥斯蒂亚的地面被人为垫高，可能是为了保护城市免受台伯河洪水的侵袭。在他的统治时期或稍后，在演讲台的西面修建了现存的议会会议厅和主要的会堂。在此期间，奥斯蒂亚由少数“贵族”自由血统的商人家庭统治，他们住在城中心的宅邸内。不过这些宅邸在公元 2 世纪上半叶大多被夷为平地，后面会提到整个城市的大部分区域在那时都被重建。1 世纪末的奥斯蒂亚开始出现“国际化”的趋势，出现了“外国人”长期在此居留的痕迹，犹太人在海滩附近建造的犹太教堂就是其中一处。只有在外来人口达到一定规模且取得一定社会地位时，他们才有可能将传统的本土信仰带到千里之外的异乡，并在城内取得一隅。

1 世纪的奥斯蒂亚港已经颇具规模。港口区从河岸算起约宽 160 米、深 100 米，平面近长方形。港口的东侧是一个有拱顶地下结构的巨大平台，应该是船坞。船坞顶部的正中是朝海的大神庙。港口周围是大量的仓库。但由于奥斯蒂亚附近的海岸线难以为大型船舶提供足够安全的防护，尤其是在暴风雨的季节，因此，在帝国早期这里还不是最主要的港口。

克劳狄奥当政时期，由于海洋贸易吞吐量的增长，又由于旧港缺乏抗击风暴的能力，大约从公元 42 年开始在奥斯蒂亚港以北 4 千米处建造了新的港口，由两道石灰华掺杂混凝土修筑的防波堤围护，以人工运河与台伯河相连。卡利古拉时期在其中一道堤上修建了灯塔。根据记载，公元 62 年有 200 艘船在暴风雨中遇难，同一年也正是庞贝城发生严重地震的时间，所以这场灾难很可能是由地震引发的海啸所导致的。海难发生的同年，新港口正式投入使用，但到 64 年才举行落成典礼。从此以后，坐拥新旧两个港口的奥斯蒂亚成为帝国与地中海西部之间航行的主要港口。而那不勒斯的普特奥利港仍是帝国与地中海东部之间交通的主要港口。

106—113 年，图拉真对克劳狄奥港进行修缮后，又在其东侧修建平面呈六边形的图拉真港。从此，埃及亚历山大的粮食船队纷纷放弃传统的那不勒斯湾，驶向奥斯蒂亚。人们将克劳狄奥港和图拉真港合称为“波尔图斯港”（Portus），这个词在拉丁文中即是“港口”的意思。帝国新设“奥斯蒂亚波尔图斯监察官”一职管理此处。该官职俗称为“两港监察官”，负责粮食、油、酒、大理石等物资的进口。这以后，波尔图斯港和奥斯蒂亚港成为整个帝国最重要的港口，奥斯蒂亚城也随之走向了全盛。现在仍能看到的大量建筑都修建于2世纪的哈德良和安东尼努斯时期。奥斯蒂亚留存的题献铭文中称赞哈德良“尽其所有的无私和慷慨来维护和扩大殖民地”（colonia conservata et aucta omni indulgentia et liberalitate eius）。在他统治期间，消防队的新军营在城市东北部高垒深壁，卡匹托利尼朱庇特神庙在广场上拔地而起。此后，哈德良的继任者安东尼努斯·皮奥和罗马官员盖乌斯·马克西姆斯（Gavius Maximus）出资修建了大浴场。来自海军基地米森农的军舰也驻扎于此。

2世纪下半叶和塞维鲁时期，建筑活动多是维修和改建。康茂德扩建了剧院。塞提米奥·塞维鲁翻修了滨海的道路，连接了台伯河和特拉西那的河口。也许在塞维鲁王朝的最后一位皇帝亚历山大·西弗勒斯统治时期（222—235），在广场上建造了一座类似于罗马万神殿的大型圆形神庙。还有铭文证明了奥斯蒂亚皇宫的存在。

虽然在整体规模上，奥斯蒂亚比亚历山大和迦太基等港口小得多，但论到功能和地位，却堪与后二者比肩。不能否认，奥斯蒂亚是一个人口密集的城市，各式各样的建筑鳞次栉比，来自各地甚至各国的人口云集于此。但它首先是一个为帝国都城而生的港口城市，它的存在便是为了满足罗马的物资需求，从某种意义上说，奥斯蒂亚是罗马的卫星城，是都城的城市生活所不能缺失的部分，对于皇家和都城的物资供应至关重要，大量社会下层人士在此从事与港口运输相关的重体力劳动或小规模的经营活动，因此，城内有众多商店—仓库一体式的建筑（horrea）和多层公寓，商业行会的地位极高。迈克尔·海因策尔曼（Michael Heinzelmann）指出，奥斯蒂亚城只有东北部呈现规整的矩形外观，城内除此之外的其他区域并不规整，各条街道的宽度也各不相同，这显然不是由市政管理部门统一规划的成果，而是私人地产的边界之间错落交接的结果。此外，这座城市的街道两侧遍布柱廊，大型公共设施匮乏，只有广场和少量的浴场、剧场，没有斗兽场和马戏场。这一切都显现出“新城市”的特色。可以对比一下罗马曾经的主要港口普特奥利，同为因港口而兴的城市，但这座“老城市”的大型公共建筑就不少，有一个剧场、两个斗兽场和一个马戏场等。究其原因，可能是图拉真港的建造为奥斯蒂亚带来了发展的机遇，敏感但短视的商人和船主们迅速抓住了获利的机会，在城内大肆置办私人地产，大型公共建筑尚未来得及完善，便已迎来衰落，不像普特奥利之类的老城，本地的基础设施在长久的发展过程中早已配备完善。

塞维鲁王朝之后，罗马陷入乱局，政权更迭频繁，许多皇帝的统治在短短几个月或几年后就被推翻，经济也随之崩溃。在衰退的浪潮中，奥斯蒂亚城也不可避免地受到了影响，从此建筑活动减少、人口规模萎缩。

3 世纪，由于罗马人口减少以及河口壅塞等问题，奥斯蒂亚的地位江河日下。昔日商船云集、人群熙攘的景象不复出现，在遗迹上能观察到的最直接的体现就是到 3 世纪末，很多原本的商业区域都繁荣不再，甚至变更用途，城内的多层公寓锐减。此时起，奥斯蒂亚从原本的商业和海运卫星城变成了名流贵族们的海滨“度假胜地”。许多造价昂贵的宅邸（domus）都是从 3 世纪以后到 5 世纪初建造的，业主大多是在波尔图斯港工作、住在奥斯蒂亚城的商人。3 世纪和 4 世纪，奥斯蒂亚城及邻近港口遭受了地震和海啸，第一次似乎发生在公元 238 年，后来在普洛伯统治时期（276—282）可能又发生了一次，都造成了大片建筑物的倒塌。

奥斯蒂亚的《大事记》（*Fasti*）一直记录到了公元 175 年。而关于该城最后一任市长的记录则是公元 251 年。此后，由罗马城的粮食供应官（praefectus annonae）与罗马参议院共同管辖奥斯蒂亚和波尔图斯，兼任港口的主管。奥勒良时期（270—275）“在海边的奥斯蒂亚建造了一个以他自己名字命名的演讲台，后来又在那里修建了公共治安官办公室”。君士坦丁时期（306—337），波尔图斯正式从奥斯蒂亚分离，取得行政上的独立权，成为一个名为“弗拉维·君士坦丁城”（Civitas Flavia

Constantiniana）的城市。由于新都君士坦丁堡的建立，来自亚历山大里亚的商船队开始将埃及的粮食运往那里，而旧都罗马的粮食则由非洲其他地方提供。不过，君士坦丁也没有完全忽视奥斯蒂亚，他还曾在该城出资建造了一座基督教教堂。

公元 346 年，地震再次来袭，甚至破坏了港口设施。或许综合权衡各项利益后，灾后并未组织重建。台伯河沿岸地区已被废弃，倒塌在街道上的废墟形成了一道高达 4 米的屏障，倒是使城南不再受洪水泛滥之苦，旧时华屋成丘墟，曾经摩天碍日的建筑群就此荡为寒烟。百足之虫，死而不僵。4 世纪的奥斯蒂亚城，土木仍兴。虽然此时的建筑活动显得非常地“抠门”，新建筑的营建中往往重复使用了旧建材，比如刻有《大事记》这样重要城市档案的大理石板，居然在这个时期被用作了某幢建筑的门槛石。公元 387 年，著名的基督教徒奥古斯丁与他的母亲莫妮卡一起在奥斯蒂亚小住，莫妮卡在那里不幸去世，他在《忏悔录》的卷九中记录下了那段时光：“……我们母子俩同凭于一扇窗前，纵目于我们在奥斯蒂亚城中远隔尘嚣的花园；在长途跋涉之后，我们将在此稍事休息，即欲悬帆渡海（到非洲）。”[1]

奥斯蒂亚的发掘

5 世纪初期，奥斯蒂亚作为帝都卫星城的辉煌不再，沦为亚平宁半岛上普通城市中不起眼的一座，但波尔图斯港仍然是重要的港口。410 年，西哥特国王亚拉里克一世进攻罗马时也占领了波尔图斯港，近在咫尺的奥斯蒂亚城却被弃诸脑后，这就是它在战略和经济上都不再重要的证据之一。5 世纪末，奥斯蒂亚的渡槽停止运转之时，波尔图斯港依旧繁荣。537 年，东哥特王国的维蒂西斯（Vitigis）占领了波尔图斯港，奥斯蒂亚的最后一

1 作者译。译自 Saint Augustine，translated by Vernon J.Bourke，*Confessions*，Book 9.8.17，Washington：The Catholic University of America Press，p.244。

批居民撤退到剧场，历史似乎成为一个轮回，自“城堡”而兴的奥斯蒂亚再次变成了一个小堡垒。

9世纪初，奥斯蒂亚所在的地区被撒拉逊人占领。教皇格雷戈里四世（827—844）在它的东面建了一座名唤“格列戈利奥城”（Gregoriopolis）的新城，即今奥斯蒂亚·安提卡镇的所在。海盗的劫掠、与撒拉逊人之间的战争，使得奥斯蒂亚已不适宜安居。更严重的是环境的恶化，很长一段时间以来，奥斯蒂亚以东都有一片沼泽地，公元64年尼禄的大火灾之后，罗马的垃圾就被倾倒于此。到9世纪时，沼泽已变成恶臭滋生的湖泊，导致邻近地带成为疟疾的高发区。

废弃之后的奥斯蒂亚城仍暴露于地面之上。公元1162年，格列戈利奥城的居民们在游行活动中还造访了奥斯蒂亚城内的一个小教堂。1190年8月26日英格兰的“狮心王”理查率军登陆台伯河口时，尚可见“宏伟的古城遗址”，也就是奥斯蒂亚城。因为在这里寻找大理石材易如反掌，这也为它招致了彻底毁败的厄运。从11世纪到14世纪，和众多古代遗址的遭遇一样，奥斯蒂亚城的大理石被拆下来运往比萨、佛罗伦萨、奥维托和阿玛非等地，用来建造当地的大教堂，或直接就地熔烧后用作砂浆。1191年的一份文件就提到奥斯蒂亚城内一处名为“卡尔卡里亚”的石灰窑。

1557年，台伯河下游发生了严重的洪灾，以至改变了河流走向。古码头区大部分被淹，曾经交错纵横的河汊断流。奥斯蒂亚已是死城，循迹而来的各国寻宝者仍络绎不绝，在废墟间“猎取”着铭文和雕像。这些“战利品”被运到英国、法国、葡萄牙、西班牙和俄罗斯，起初流散在私人收藏家手里，后来基本都收藏到了各国的国家博物馆中。19世纪早期，文物总监卡洛·费亚下令禁止了无关人员的寻宝活动。教皇庇护七世授权由彼得里尼从1801到1805年对教廷辖下的奥斯蒂亚城展开发掘。但是当时的统治层并未在文物保护政策上达成一以贯之的理念，保护禁令在1824年至1834年间又重新放开，寻宝者再次蜂拥而至，承载着数千年历史记忆的文物再次流落到欧洲各地乃至大洋彼岸的美国。

在教皇庇护九世的支持下，于1855年由皮埃特罗·埃科勒（Pietro

Ercole）和卡罗·路多维科·维斯孔蒂（Carlo Ludovico Visconti）再次在奥斯蒂亚展开发掘，同时对梵蒂冈和拉特兰博物馆中收藏的相关铭文、雕像、马赛克和绘画进行研究。尽管在此期间，奥斯蒂亚城所出的大理石和花岗岩仍被视为无用之物，被运往罗马当作建筑材料。

1870年意大利王国完成统一后，皮埃特罗·罗沙（Pietro Rosa）和兰道尔夫·兰奇亚尼（Rodolfo Lanciani）在奥斯蒂亚继续进行发掘工作。1887年，德索（Dessau）将在奥斯蒂亚城发现的铭文结集出版。1907年由但丁·瓦伊埃利（Dante Vaglieri）接棒发掘工作，完全揭露了该城的东北部，也就是全城形状最规整的那部分。当然他最大的贡献不止于此，关于奥斯蒂亚城的第一本专著也是出自他之手。另一位学者路多维科·帕斯杰托（Ludovico Paschetto）则撰写了《奥斯蒂亚：罗马殖民地》一书。

继瓦伊埃利之后，在奥斯蒂亚城址主持发掘的是圭多·卡尔扎（Guido Calza）。与前辈们不同之处在于，他在发掘中不仅遵循着传统的考古学技术和原则，还参考了建筑学界的意见。在此期间出土的遗址和文物越来越多。1930年，再次出版了铭文集的增订本。到1938年，该城已有三分之一的区域重见天日。

但随后，在墨索里尼政府的政策指导下，奥斯蒂亚城与曾经的帝都罗马一样成为政治宣传工具，科学性和原真性并不重要，重要的是领导人希望在世界博览会上展示发掘成果的现实需求。1942到1946年，奥斯蒂亚的发掘面积较过去增加了一倍有多，发掘速度却为了赶会期而快速推进，甚至连详细的发掘记录也未来得及留下。最终，世界博览会并未举办，领队卡尔扎也于1946年抱憾去世。

二战后，情况好转。规模虽小、精细化程度却高的发掘工作继续进行。《奥斯蒂亚城系列发掘报告》（*Scavi di Ostia*）正式出版。1960年，罗素·梅格斯撰写的重要研究著作《罗马奥斯蒂亚》面世，后来在1973年又推出了修订版。1983年，卡罗·帕沃里尼（Carlo Pavolini）撰写的考古手册出版。此后，各国科研力量和新兴技术手段纷纷加入。德国考古研究所和罗马的美国学院进行的地球物理研究提供了大量有关未开挖地区的信息，并有一些重要发现，如君士坦丁大教堂以及城西北的一个小港口。进入 20 世纪以后，奥斯蒂亚城的许多建筑物都被修复，构成今天奥斯蒂亚考古遗址公园的面貌。

至于港口区，图拉真港的发掘主要在 1923 年进行。而波尔图斯港仍有大部分是托洛尼亚家族（Torlonia）的私产，在此发掘的遗址相对较少。梵蒂冈收藏的 A. 丹提(A.Danti)壁画中描绘了 1582 年在港口仍然可以看到的遗迹。1824 年和 1829 年卡罗·费阿和安东尼奥·尼比先后出版了关于波尔图斯港的重要记述。卡罗·路多维科·维斯孔蒂继发掘奥斯蒂亚城之后，又于 1864 年至 1867 年展开了对港口的发掘工作，但此后很快将遗址回填，仅留下关于出土雕像的记录。兰道尔夫·兰奇亚尼（Rodolfo Lanciani）于 1868 年发表了关于该港的文章。杰罗姆·卡尔科皮诺（Jerome Carcopino）于 1907 年进行了局部发掘。近年南安普顿大学的西蒙·凯伊（Simon Keay）则对波尔图斯港进行了地球物理研究。

城市布局

罗马时期的奥斯蒂亚城曾被分为五个区，但各区之间的确切界线现在已经不得而知。历任发掘者们为了表示对古代传统的尊重，也将城市划分为五个区，不过各区的界线是他们根据街区和建筑物的分布重新划定的。这就是今天在奥斯蒂亚考古公园看到的平面图和编号体系的来源。各区内又按照一定顺序划分为若干个方格，各方格内的建筑依次编号。举个例子，如果在遗址区的标示牌上看到“Tempio d’Ercole，I，XV，5”的字样，则代表着“赫拉克勒斯神庙为奥斯蒂亚城 I 区方格 15 的建筑 5”。掌握了这套编号系统，当在古城内遇到任意一座建筑时，很容易就可以知道它在平面图中的位置，从而对城内的空间分布了如指掌。

古典考古学的研究者们常常喜欢将庞贝城和奥斯蒂亚城放在一起进行对比。庞贝城遗址代表了公元 1 世纪罗马帝国地方城市的布局和外观。而奥斯蒂亚城遗址则代表了公元 2 世纪的地方城市模式。城内建筑（包括公共宗教建筑）多为砖面混凝土结构，这可能是公元 64 年火灾后的建筑理念——人们认识到砖与混凝土是最为耐火的材料，甚至超过了石头，因此奥斯蒂亚城的建筑完成了这一替换。

城内南北大道和东西大道垂直相交之处为城市广场，广场平面为规则的长方形，一端是卡匹托利尼朱庇特神庙。这种广场布局与罗马城内的帝国广场集中焦点式布局类似，而与庞贝城广场的辐射式布局有别。神庙的规模极其宏伟，与 2 世纪时罗马人的建筑技术发展以及追求建筑的体量有关。耶鲁大学的戴安娜 · E. E. 科莱纳（Diana.E.E.Kleiner）认为另一个更重要的原因是，奥斯蒂亚城由于人口众多，拥有大量的高层公寓建筑，而作为城市主神庙，在景观视觉的逻辑中需要占据绝对的焦点，因此在规模上格外突出，以使得在城内的任何一个角落都能看到这座神庙。

城东北部的主街旁是剧场，经过 3 世纪的一次修缮后，大致能容纳 2500 名观众。根据官方数据，中国国家大剧院的歌剧院内共有 2207 个

图 29　奥斯蒂亚剧场

图 30　行会广场中的小神庙

观众座位，可以想见一千多年前奥斯蒂亚剧场的规模是何等惊人（图 29）。剧场由半圆形座席和长方形柱廊庭院共同构成。半圆形建筑内是石质的阶梯座席。长方形柱廊庭院也被称为“行会广场”，在舞台的背面，观众们在节目开始前或结束后都可以在此闲庭信步或购物。庭院中央有一座小神庙（图 30），祭祀对象可能与商业或行会有关。庭院四周的柱廊内分成许多小隔间，大约共有 61 间店铺，多与进出口贸易有关。这些店铺都是砖面混凝土建筑，地面装饰黑白两色的马赛克，多见抽象的几何式图案，也有海豚、船、灯塔等与海洋有关的纹饰（图 31），充分展现了奥斯蒂亚城与海为邻、以海为生的城市特色。东面是剧场，西面是柱廊庭院，文化和商业完美地结合在一起，构成了奥斯蒂亚人的闲暇时光。（彩图 20、21）

2 世纪时，奥斯蒂亚城大概有 5 万居民，到 3 世纪时可能达到了 10 万。

图 31　其中一座店铺的马赛克地面

由于港口城的性质和定位，城内虽然也有独栋的私人宅邸，而更多的是大量多层公寓，大多高达五层。公寓的底层多为店铺或餐馆，往上才是住房。一般来说，公寓的楼层越高，就越便宜且肮脏，底层才有供水。社会的中层和下层因此可能住在同一栋公寓中。塞拉匹斯公寓展示了新的建筑理念和装修风格，在砖砌面外不再涂抹灰泥或加以其他的装饰，直接以裸露的砖面示人。戴安娜公寓底层有保存完好的餐馆，柜台临街而设，墙上有“招贴画”：石榴、盛装豆子的杯子、装着胡萝卜的碟子。

由于供水等技术性原因，也由于业主们希望通过压缩空间以容纳更多的租客而赚得更多的租金，公寓尤其是高层的厨卫设施并不完善。这使得城内有大量的公共卫生设施。公共厕所就是其中最必需的。奥斯蒂亚有保存完好的公共厕所，剧场中就发现了这么一处公厕，设在一个方形的房间内，四面靠墙处设有长凳，绕墙有一条排水沟，每隔一定的距离便开有一个便坑，彼此间毫无遮挡，如果光顾者众时，应该只能“摩肩接踵”地并排坐在一起。在如厕的问题上，东西方存在着很大的文化差异。同时期在遥远的东方，汉朝境内发现的厕所遗址和墓葬内出土的厕所明器，普通人普遍以蹲厕为主，贵族家中有坐厕。直到今天，在公厕的问题上，欧洲基本都是坐厕，中国则蹲坐各半，而普遍以蹲厕更受欢迎，似乎公众对于公共的坐厕总有“身体接触”而产生卫生问题的疑虑。这里面反映的对身体的认知和对卫生的认知等问题，颇值得深究。

奥斯蒂亚城内也有大量的公共浴场。这是罗马帝国时期人们最爱的休闲场所。从布局来看，修建于 139 年的海神尼普顿浴场并不十分像罗马城内的卡拉卡拉浴场等皇家类型。该浴场的西侧是健身区，东侧是浴池、浴房和更衣室，有温水浴室、热水浴室和冷水浴室，南侧有一排小店铺。浴场内的地面镶嵌了大幅的马赛克，其中面积最大的一幅主题是海神尼普顿：尼普顿一手驾着四匹马头蛇身的海怪，一手持着三叉戟，穿行在画面正中的黄金分割点上，周围是朝着各个方向的海怪、驮着爱神丘比特的海豚等图像。（图32）

城内还有大量的仓库，最著名的是 145 年至 150 年修建的伊帕加斯那

图 32　海神尼普顿浴场的马赛克地面

仓库，同样也是砖砌面混凝土建筑。入口是高大的拱门，顶上有三角楣饰，悬挂着标记建筑名称的大理石板。门两侧各有一个圆柱，巧妙地利用了砖的不同颜色作为装饰，柱身和其余的墙面均用红砖，柱头则使用了黄砖。仓库的宏伟和精美令人印象深刻，这座城市并不吝于挥洒财力和物力在所有一切与商业相关的建筑上。

奥斯蒂亚城北、台伯河以北的“神圣岛”（Isola Sacra）是集中的公墓区。城东郊直通罗马的奥斯蒂亚大道两侧也有一些公墓。穷苦的工人被简单地埋葬：一种是双耳瓶式墓葬，瓶的上部留在地面作为标记，其余部分打碎并插入地下，遗骸就葬在这之下，瓶口可灌入祭酒；另一种则是砖墓，死者葬在地下，地面则立有砖构的简单建筑。平民们葬在房屋样式的墓葬内，平顶墓门，门上方嵌有赤陶板，标记死者的姓名和职业，有时还绘有与其职业相关的图像，如磨刀师、面包师、商店老板、接生婆的工作场景（图 33）。

图 33　路旁的墓葬铭记着生死

罗马随想（代后记）

周繁文

岁月杳杳，山海重重，远去的罗马帝国虽然无人不知，却也与今天的我们既有空间阻隔，又有时间巨堑、文化鸿沟。异域的历史和文明总是隔着想象的面纱，难以产生共鸣和共情。所幸有史料和史迹的留存，又有一代代学者们的解读和研究，那些幸存于荏苒光阴里的城址，保留下了一段段可以看见的历史记忆。人类是多感官的生物，虽然逝去的人事不再，但当烈日照在昔日的街道上，当风雨拂过曾经的屋宇间，当月光落在旧时的庙堂前，知识、视觉与因此触发的感觉仍然能带我们穿越时光的罅隙捕捉着异域古人曾有过的丝缕感受。万世千秋，古今中外，纵使悲欢不同，总有思想相通。

连天的白月飞升
拂露水的清明
未开玫瑰　深湖色涟漪
半鱼人的海神　在雏菊丛里
铁火一般与将走的晨曦
起舞　苍鹰的悲泣

奥古斯都的祭坛
为和平还是权力
台伯河秋涨的桥
是落叶还是叹息
地中海蓝色的天空 纷黄
被乌鸦占据

拉丁文字的石碑上 洗不去
是谁的功绩
春天在帕拉丁诺的母狼眼里
停驻
火焰
烧
灰烬
飞离

七丘之城永恒的石
没有檐遮雨
没有檐望晴
你们想要的
是掠影一般的荣光 还是
浮羽一般的记忆

深寂 葡萄与狄奥索的面具
深紫色长袍的元老
在卡拉卡拉浴场的雾气
蒸发成 墙角那疯人的话题

弗拉明戈火焰色玫瑰的裙裾
歌唱着刻在军士盔甲的　风情
我不知道躺在宁芙山林里的
是你美丽的呼吸
还是　荒凉的唇渍

他叫我别惊醒　维纳斯与赫尔墨斯之子
绝世如银莲花的躯体
我在三米外　屏住气息
只为 和他和她一样暧昧模糊的心机
背翼的少年　你射向
月桂树还是镌刻玫瑰花的 金币

我在街角胆战心惊 为
一不小心与战士的 弦索相遇
我躲不过封疆的利箭
躲不过旋转的漩涡的掀展的蜷曲的绞散的
颜色的　交隙

特莱维喷泉　我向四季之神求祈
转身一掷
没入她诞生的玫瑰色泡沫里

我思，我读，我在

Cogito, Lego, Sum